Jens Batzdorf

FC Energie Cottbus

Fußballfibel

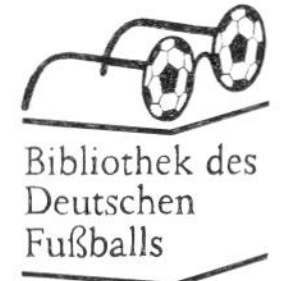

Herausgegeben von Frank Willmann

Autor:
Jens Batzdorf, geboren 1977 in Cottbus, bezeichnet Cottbus als die schönste Stadt der Welt, was ja zweifellos auch stimmt. Seit 1987 Energiefan, seit 1994 kein Heimspiel verpasst, zwischen 1998 und 2014 kein Punktspiel ohne ihn. Die Moneten werden ehrlich bei der Administration der schönsten Stadt der Welt erarbeitet. Seit 2011 wohnhaft im sagenumwobenen Speckgürtel der sogenannten Hauptstadt – der Liebe wegen.

Bildnachweis:
Jens Batzdorf: S. 97, 111, 113, 114, 123;
Matthias Geisler: S. 25, 31, 34, 59, 101, 139;
Volker Grimm: S. 51, 132;
Danilo Helbig: S. 39, 45, 47;
Franz Schubert: S. 103.

ISBN 978-3-944068-41-1
Die Deutsche Nationalbibliothek verzeichnet diese Publikation in der Deutschen Nationalbibliografie; detaillierte bibliografische Daten sind im Internet über http://dnb.d-nb.de abrufbar.

Verlag:
CULTURCON medien
Inh. Bernd Oeljeschläger
Melanchthonstraße 13
10557 Berlin
Telefon 030 / 3439 8440
Telefax 030 / 3439 8442
www.culturcon.de
Redaktion: Nelly Möller
Gestaltung und Satz: Burkhard Kehl, Berlin
Coverentwicklung: Marcus Gruber, Berlin
Druck: Florian Isensee Gmbh, Oldenburg

Mit O-Tönen und Beiträgen von

Lutz Brenner	Energiefan aus Schmellwitz, fuhr mit Energie 1982 das erste Mal auswärts. Heute lebt er in Berlin.
Volker Grimm	seit 1976 Energiefan, 1980 Gründungsmitglied des ersten Energie-Fanclubs Cottbuser Bier und heute noch regelmäßig im Block H unterm Dach und auswärts anzutreffen.
Thomas Grube	erlebte mit 15 Jahren das legendäre 4:1 gegen Bischofswerda 1989. Er ist Webdesigner der ersten FC Energie Homepage.
Bernd Guhlke	gründete mit 18 Jahren nach einem Auswärts-Spiel gegen Sachsenring Zwickau 1988 den Fanclub Forever.
Hellmuth Hamann	aus Finsterwalde, ein mittlerweile in der Nähe von St. Gallen lebendes Energie-Lexikon.
Danilo Helbig	Fan seit Anfang der 1980er Jahre und Gründungsmitglied des Fanclubs Hans-Meiser-Team.
Ingolf Urban	ein glühender Energiefan aus Forst/Lausitz, ist seit Mitte der 1980er Jahre mit Energie unterwegs.

sowie

Ralf Lempke	ehemaliger Spieler, Nachwuchstrainer und heutiger Marketingchef.
Ulrich Lepsch	ehemaliger Wirtschaftsbeirat, Verwaltungsratschef und Präsident.
Hajo Prinz	ehemaliger Spieler und Mannschaftsleiter.
Klaus Stabach	ehemaliger Spieler, Mannschaftsleiter und Manager.

… über den kleinen Jungen, der seine Liebe zum Sport und zum Verein fand.

Im März 1987 fand das DDR-Oberligaspiel Energie Cottbus gegen Dynamo Dresden statt. Wie eine große Fanliebe zu einem Verein entsteht, der beim ersten Spiel, das man sich ansieht, eine bittere 0:5-Niederlage kassiert, ist zwar rätselhaft, aber: es ist passiert. Zahlreiche Spiele in Begleitung des kleinen Bruders und der Mama folgten. Zudem musste die Mama zu Hause häufiger ihre weißen Bettlaken suchen und sich zudem kräftig wundern, wenn bei einer Tischdecke ein Stück herausgeschnitten war, das vermutlich längst als Fahne seinen Dienst tat. Rund elf Jahre später, am 24. Mai 1998, sollte eine Serie von 553 Punktspielen von Energie Cottbus beginnen, die der nun nicht mehr ganz so kleine Junge ausnahmslos gesehen hat. Das erste Spiel dieser Serie bei den Stuttgarter Kickers ging übrigens 1:2 verloren.

… über den Kaputten vom Zaun, der kein Spiel mehr verpasste.

Kaum hatte die Serie der Pflichtspiele begonnen, wurden im Herbst 1999 („irgendeiner muss es ja machen“) Busfahrten zu den Auswärtsspielen organisiert. Immerhin war so auch die eigene Anreise zu den Spielen gesichert. Nach einer organisatorischen Frage hinsichtlich des Auswärtsspiels gegen Nürnberg: „Ey Gurke, wie viele seid ihr?“ etablierte sich für das ursprüngliche Mitglied der Senfgurkenmafia jener Spitzname. Bei der Gründung von „Ultima Raka“ im November 2002 kannte kaum noch jemand seinen richtigen Namen. Damals musste er noch ganz vorne mit dabei stehen, damit er bei einem Torerfolg auch sicher als einer der ersten auf dem Zaun sein konnte – in Ekstase gerne oberkörperfrei und laut singend und klatschend. Bei so einer Aktion ist Jens auch mir das erste Mal aufgefallen, beim Spiel in Stuttgart am 26. Oktober 2002, ein glorreiches 0:0. Ein paar Monate später hatte Gurke dann offiziell „seinen Salat gefunden“. Ein Spitzname, der sich glücklicherweise nicht durchgesetzt hat. Aus seiner Liebe zum Verein wurde Fußballbegeisterung weit über die Grenzen der Lausitz hinaus. Viele Wochenenden waren von Freitagnachmittag bis Sonntagabend komplett mit Spielbesuchen in Polen, Tschechien oder Deutschland gefüllt. Zwischendurch wurden Fußballtrips auch in entferntere Länder gelegt. Notfalls ging es alleine los, aber meistens wusste ich liebe Kumpels an seiner Seite, während das einzige, was ich mir aus den begeisterten Schilderungen seiner Pläne merken konnte, nur war: „Aha, Polen“, oder eben „Er ist in Tschechien – irgendwo!“ Highlight und laut eigenen Angaben bisher auch exotischster Spielort war China, auf einer Promo-Reise mit Energie Cottbus. Bis zum Erscheinen dieses Werks konnten so immerhin schon 34 Länderpunkte in seine sorgfältig gepflegte Liste eingetragen werden. Daher ist auch an die Stelle des seit 1998 erschienenen „Gurkensalat“ (Fanheft über die Spiele von Energie Cottbus), im Jahr 2006 das „Auslandsjournal“ getreten, das bis heute in elf Ausgaben über Spiele aus der ganzen Welt berichtet.

… über den treuen Fan, der inzwischen etwas ruhiger geworden ist.

Heute wird selbstverständlich immer noch jedem Spiel von Energie Cottbus beigewohnt. Die Serie wurde im August 2014 nach über sechzehn Jahren für ein Spiel unterbrochen. Danach ging es aber wie gewohnt weiter. Inzwischen stehen andere in der ersten Reihe am Zaun. Stattdessen findet man ihn nun häufiger weiter hinten, wo er gerne mit den Kumpels von früher quatscht, die es nicht mehr so oft zum Fußball schaffen. Fast alle haben inzwischen Familie, kaum jemand kommt noch so häufig zum Fußball wie in den wilden Zeiten. Es sind inzwischen auch andere, die die Busfahrten organisieren und vor jedem Heimspiel im Fancontainer diverse Fußballartikel verkaufen. Da inzwischen der Lebensmittelpunkt in eine andere Stadt verlagert wurde und die große Liebe nicht mehr zum Studieren weit weg ist, wird auch nicht mehr ausnahmslos jedes Wochenende mit Fußball gefüllt. Stattdessen wird unauffällig versucht, den Sommerurlaub in ein Land zu legen, in dem grade ein spannendes Spiel stattfindet oder dessen Länderpunkt es noch zu machen gilt. Die Begeisterung für den Sport und die Liebe zum Verein aber sind ungebrochen. Immerhin wurden über die Jahre genug Aufstiege gefeiert, genug Abstiege verkraftet, genug Trainerwechsel erlebt, genug Fan-Choreos gemalt, genug Fanhefte unter die Leute gebracht. Heute setzt man sich hin und schreibt ein Buch. Ein Buch für Fans, ein Buch für Interessierte, ein Buch für Sammler. Ein Buch über den Verein, mit dem man groß geworden ist und über den es einiges zu erzählen gibt.

Lisa

Die BSG Energie Cottbus (1966–1990)

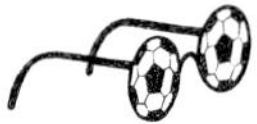

1962

Es ist kalt, es ist bitterkalt. Die Stimmung ist trüb, die Kumpel kämpfen im nahegelegenen Tagebau mit den Widrigkeiten der winterlichen Witterung. Auf dem Fußballplatz der örtlichen Kampfbahn am Rande der Gartenstadt Marga sieht es nicht besser aus. Die Fußballer des Sportclubs stehen am Rande des Abgrundes, am Rande des Abstiegs. Das Schalke des Ostens, vor wenigen Jahren noch Vizemeister und Dritter in der Oberliga, macht den Kumpels nur noch wenig Freude. Seit Ende Oktober 1962 ist der SC Aktivist Brieske-Senftenberg jetzt schon ohne doppelten Punktgewinn. In der Mannschaft selbst gibt es Unstimmigkeiten. Im November 1962 wurden die Spieler in persönlichen Gesprächen darüber informiert, dass die Mannschaft zur neuen Saison nach Cottbus umziehen soll. Einige Spieler wohnen bereits dort, sie bekommen von Willi Gebauer, Geschäftsführer des zukünftigen SC Cottbus, den dezenten Hinweis, dass sie doch bitte ihre Schnauze halten und keine Scheiße mehr bauen sollten, dann bräuchten sie bald auch nicht mehr in dieses, wie er sich ausdrückt, „Drecksnest“ zu fahren. Einer von ihnen, Klaus Stabach, eckte bereits wegen der Flucht seiner Schwester in den Westen an und baut auch sonst so einigen Mist. Andere erfahrene Spieler haben aber Haus und Hof, Familie und Arbeit in Brieske und hadern mit dem Beschluss der Sportführung. Am Ende helfen auch keine Siege gegen Chemie Halle und Aufbau Magdeburg mehr. Mit einer Niederlage am vorletzten Spieltag ist der Abstieg des SC Aktivist Brieske/Senftenberg besiegelt. Zum Abschluss schaffen die Kumpels ein letztes Ausrufezeichen mit einem Auswärtssieg beim Vizemeister in Rostock.

Klaus Stabach ist ein Energetiker der ersten Stunde. Er gehörte zu den jungen Spielern, die aus Brieske mit nach Cottbus wechselten. Da er bereits in Cottbus wohnte, fiel ihm dies nicht so schwer. Nach Ende seiner Spielerlaufbahn ist Stabach bis zur Wende als Mannschaftsleiter, Geschäftsführer und technischer Leiter im Verein tätig. Im Juli 1990 übernimmt er von Hartmut Ohlig den Posten als Manager. Erst im frühen Jahr 2005 wird Stabach, im Streit mit dem Präsidenten Krein, genötigt, den Verein zu verlassen. Krein muss wenig später aber ebenfalls gehen.

Saison 1963/64

Es ist April, es ist Aprilwetter. Vor drei Jahren hat die politische Führung in der fernen Hauptstadt eine Konzentration der Sportclubs beschlossen. Diese sollten vorzugsweise in den Bezirksstädten aufgebaut werden. Etwa vierzig Landstraßenkilometer östlich von Senftenberg liegt die Bezirksstadt Cottbus, die damals weder einen Sportclub noch eine Oberligamannschaft ihr Eigen nennen darf. Der Cottbuser Fußball spielt republikweit eine untergeordnete Rolle. Am 19. April 1963 wird der Sportclub Cottbus gegründet, die Vereinsfarben sind rot und weiß, das erste Logo hat die Form eines Schildes. Der SC Cottbus ist eines von vielen Beispielen staatlich gesteuerter Vereinsgeschichte.

Es ist Sommer, aber die Stimmung ist trüb. Nicht das Wetter, nicht das sportliche Abschneiden sorgen für Missmut. Es ist die Entscheidung der politischen Führung, die die Menschen verärgert. Einige schreiben Briefe, Antworten bekommen sie keine. Die Fußballabteilung des SC Aktivist Brieske/Senftenberg wird im Sommer 1963 in den neugegründeten Sportclub Cottbus eingegliedert, der erfolgreichste Fußballverein des Bezirks wird damit aufgelöst.

Am 18. August 1963 sind etwa 17°C, der Himmel ist bewölkt, zeitweise regnet es. Der neue SC Cottbus bestreitet sein erstes Punktspiel in der DDR-Liga gegen Dynamo Schwerin. Es endet 1:1, der erste Torschütze für den Club war ein gewisser Peter Stehr. Die zweieinhalbtausend Zuschauer verlassen enttäuscht die Traversen des Stadions der Eisenbahner. Das Organ der Bezirksleitung der Sozialistischen Einheitspartei Deutschlands, die Lausitzer Rundschau, berichtet am folgenden Montag auf der Sportseite im Artikel „Angriff die Achillesferse“ darüber, dass „… unsere Sportclub-Elf hinter den Erwartungen zurück“ geblieben sei. Dem 2:1-Auswärtssieg des Lokalrivalen Vorwärts Cottbus in der „Höhle des Löwen“ SC Hohenschönhausen widmet die Redaktion einen in etwa genauso langen Artikel wie dem ersten Punktspiel des SCC.

Leseempfehlung:
Matthias Koch:
Da wie noch nie – Energie Cottbus – Das Wunder aus der Lausitz.
Berlin 2004.

Die politische Führung hat ihre Rechnung ohne den Wirt gemacht. Statt Oberliga gibt es in der Bezirkshauptstadt auch weiterhin nur magere DDR-Liga-Kost. Ein großer Teil der Briesker Stammspieler ist dem Ruf des neuen Clubs nicht gefolgt und schließt sich lieber der unterklassigen BSG Aktivist Brieske-Ost an. Eher die jungen spielen aber für den neuen Club, einige altgediente können noch umgestimmt werden und pendeln nun regelmäßig. Die Wunden jedoch, sie sind tief. „Die gingen mich nichts mehr an“, zitiert Matthias

Koch in seinem Buch den ehemaligen Leiter der Sektion Fußball beim SC Aktivist Brieske/Senftenberg.

Und so denken wohl viele Kumpel. Einen Verein kann man verpflanzen, seine Anhängerschaft nicht. Die Mannschaft hat wichtige Stützen verloren, wurde aber nicht nennenswert verstärkt, sondern durch unterklassige Spieler der BSG Lok Cottbus aufgefüllt. Alte Spieler, die vormals beim Tagebau in Senftenberg als Trägerbetrieb angestellt und damit quasi Vollprofis waren, durften sich jetzt neue Stellen suchen und mussten arbeiten gehen. Schlechte Trainingsbedingungen! Unter diesen Voraussetzungen startete der SC Cottbus in seine Existenz mit der Hypothek, dass die Sportoberen des Bezirkes natürlich nichts anderes erwarteten als den Wiederaufstieg. Der wurde klar verpasst, am Ende der Premierensaison steht ein vierter Platz zu Buche, sogar der bisherige Platzhirsch, der Armeeverein Vorwärts Cottbus, liegt aufgrund der besseren Tordifferenz noch vor dem Club. Klaus Stabach sagt heute dazu: „Man hat einen entscheidenden Fehler gemacht. Man hat erst die Mannschaft umgesiedelt und danach versucht, Bedingungen zu schaffen. Der Umzug kam zur falschen Zeit!" Obere Plätze bleiben für die Rot-Weißen zwar auch weiterhin Normalität, den ganz großen Wurf landen die Schützlinge von Trainer Willi Schober jedoch lange nicht.

Saison 1965/66

Winter 1965. Wieder mal Zeit für Veränderungen – finden die Sportoberen im fernen Berlin und beschließen eine erneute Umstrukturierung des fußballerischen Leistungssportes. Die Fußballabteilungen werden aus den Sportclubs herausgelöst und eigenständig. Fortan gibt es insgesamt zehn Fußballclubs, in der sich die Leistungsspitze des DDR-Fußballs zu konzentrieren hat. Diese entstehen in Dresden, Jena, Leipzig, Magdeburg, Erfurt, Halle, Rostock, Karl-Marx-Stadt, in Berlin gleich zwei. Die aus dem Sportclub Cottbus auszugliedernde Fußballmannschaft gehört also ebensowenig dazu, wie z.B. die Mannschaften aus Aue, Zwickau, Gera oder die spätere BSG Chemie Leipzig. Aber ausgegliedert wird trotzdem, in eine sogenannte Betriebssportgemeinschaft (BSG). Trägerbetrieb soll ursprünglich die in Cottbus ansässige VVB Kraftwerke, die Verwaltung aller DDR-Kraftwerke, werden. Letztlich wird es dann doch die VVB Braunkohle und Kraftwerke, im Volksmund: das Kraftwerk Jänschwalde. War man bei der Installierung des Clubs nicht gerade darauf bedacht, was die Mitglieder wollen, wird nun zur Namensfindung ein Wettbewerb über die örtliche Tageszeitung ins Leben gerufen, zu dem über 450 Einsendungen vermeldet werden. Bereits zwei Tage nach der Gründungsveranstaltung weiß eben jene örtliche Tageszeitung in einem kleinen Kasten auf der Titelseite rechts unten mit nicht ganz einwandfreier Grammatik zu berichten: „Wido Frey, der stellvertretende Vorsitzende des Bezirksvorstandes Cottbus des DTSB, dankte im Namen des Vorbereitungskomitees für die große Anteilnahme der Bevölkerung, die sich in den vielen Einsendungen bei der Namensgebung der neuen BSG ausdrückte. Die Mehrzahl der Einsendungen wählten den Namen ‚Energie'. Dieser Name, so betonte Wido Frey, sollte Verpflichtung sein, der BSG eine neue Qualität zu verleihen." Am 31. Januar 1966, einem Montag, wird in der Gaststätte des Stadions der Eisenbahner die Betriebssportgemeinschaft Energie Cottbus aus der Taufe gehoben.

Deine Mannschaft spielt erfolgreichen Fußball. Ab und an gewinnt sie mal die Meisterschaft, hier und da wird der FDGB-Pokal geholt. Zwischendrin mal ein Pokalfinale oder ein spannendes Saisonende, der eine oder andere Spieler spielt in der Nationalmannschaft. Die Zuschauer pilgern zu Zehntausenden ins heimische Stadion, Schlachtenbummler unterstützen die Mannschaft in Scharen bei den Spielen auf fremden Plätzen. Dein Verein hat Anhänger im ganzen Land und du jubelst dem Torschützenkönig der Oberliga zu. Heimspiele sind regelrechte Festtage für deine Stadt und deine Region, auswärts sorgen die Anhänger für den einen oder anderen Aufreger. Dann ist die BSG Energie Cottbus nicht dein Verein! Denn dieser Verein ist im wahrsten Sinne eine graue Maus im DDR-Fußball. Bis Mitte der 1980er Jahre verlaufen die allermeisten Spielzeiten nach immer demselben Schema. Am Ufer der Spree nimmt man sich Jahr für Jahr neue Heldentaten vor, den Aufstieg in die Oberliga. Im Verlaufe der Saison wird dieser aber fast immer verpasst. In der Abschlusstabelle werden die Rot-Weißen zwar vorzugsweise auf den Plätzen zwei, drei oder vier vermerkt, schauen damit aber in puncto Aufstieg trotzdem in die Röhre. Im Frühjahr 1970 kommen folgerichtig auch nur noch 400 Zuschauer zum unbedeutenden letzten Heimspiel gegen Wismar. Diese Niedrigmarke wird im Verlaufe der Vereinshistorie lange nicht mehr unterschritten.

Die unbefriedigenden Ergebnisse kamen nicht von ungefähr. Die Konzentration der sportlichen Spitze auf wenige Fußballclubs bedeutete gleichzeitig, dass die Betriebssportgemeinschaften nichts anderes waren als Zulieferer für eben jene Sportclubs. Die besten Spieler wurden delegiert, das heißt, dass die BSG Energie Cottbus ihre besten Spieler an den FC Vorwärts Frankfurt/Oder oder den ungeliebten BFC Dynamo abgeben musste. So wurde zum Beispiel im Jahr 1974 der Wechsel von Rainer Troppa von der BSG Energie zum BFC Dynamo veranlasst, der später in seiner Vita neben diversen Meisterschaften auch 17 A-Länderspiele anführen konnte. Der bekannteste Ex-Cottbuser dürfte sicherlich Reinhard „Mäcki“ Lauck aus dem Cottbuser Vorort Sielow sein, der nach seiner Armeezeit in Neubrandenburg erst für Union Berlin und dann für den BFC spielen durfte und bei der WM 1974 Günter Netzer und Wolfgang Overath abmelden konnte. Horst Krautzig ging 1973 zu Vorwärts Frankfurt/Oder, kam wieder zurück nach Cottbus und ging dann doch wieder. Nach der Wende hieß Horst dann Herr Krautzig und machte sich als Sportlehrer in der Berufsschule am Autor dieser Zeilen verdient. Welche Ausmaße dieses von oben verordnete Menschenverschieben hatte, mussten die Cottbuser Fußballfreunde vor allem im Jahre 1983 erleben. Beim Meister BFC spielten sechs Spieler mit Lausitzer Vergangenheit, beim Tabellenzweiten aus Frankfurt/Oder noch einmal derer fünf – der heimliche Fußballmeister kam also aus der Lausitz und dümpelte nach seinem dritten Wiederabstieg aus der Oberliga wieder einmal im oberen Tabellendrittel der DDR-Liga herum. Auch wenn die Energetiker selbst mal ein Talent in der Umgebung entdeckt hatten, konnten sie nicht sicher sein, dass nicht doch der BFC oder Vorwärts den Jungen haben wollten. Der Prominenteste dieser Talente war Hans-Jürgen Riediger, ein Junge aus einem kleinen Ort in der Nähe von Finsterwalde, den die Verantwortlichen in Cottbus auf dem Zettel hatten. Als 14-jähriger durfte er, von Finsterwalde-Süd kommend, statt rot-weißer Kluft die weinrot-weiße des BFC Dynamo überstreifen. In Riedigers Bilanz am Ende seiner Karriere stehen fünf Meisterschaften mit dem BFC, 41 A-Länderspiele für die DDR und der Olympiasieg mit der Mannschaft in Montreal 1976. Für Energie dagegen schnürte er nie die Töppen, für Energie blieben nur die Spieler übrig, welche die Fußballclubs nicht haben wollten und welche auch für andere geförderte Sportarten nicht geeignet waren. In Cottbus selbst wurden ohnehin Radsport, Leichtathletik oder Boxen bevorzugt behandelt. Aus dieser Gemengelage heraus ist es natürlich schwierig, den Sprung nach oben zu schaffen und, wenn man ihn doch geschafft hat, mit den anderen Clubs mitzuhalten. Schuld waren aber nicht immer nur die anderen. Viel zu oft versagte man in entscheidenden Spielen. Hier verlieren die Energetiker auswärts bei Motor Werdau, da unterliegen sie gar zu Hause Motor Wolgast und auch Aktivist Schwarze Pumpe kann schon mal beide Punkte auf der Habenseite verbuchen. Derlei Ergebnisse finden sich in den ersten zwanzig Jahren der Vereinshistorie in nahezu allen Spielzeiten und dann auch immer mindestens einmal zu oft. So kann es am Ende natürlich auch keine rot-weißen Sternstunden geben, Energie ist fußballerisch eben eine graue Maus.

Ausnahmen jedoch – es gibt nur wenige, aber es gibt sie – bestätigen die Regel, und warum soll dies bei der BSG Energie Cottbus anders sein? Dann zeigte sich, welches Potential rund um den Verein schlummerte. Zu normalen Ligaspielen können die Kassierer ein recht kleines Stammpublikum von etwa dreieinhalbtausend Zuschauern begrüßen; angesichts der Einwohnerzahlen keine wirkliche Steigerung zu den Zahlen aus Brieske. Wenn es aber in den Aufstiegsrunden mal um die Wurst geht, säumen über 10.000 Besucher die Traversen. Das auch heute gern bemühte Klientel des Erfolgsfans ist also in der Lausitz schon früher zu beobachten. Erstaunlicherweise fällt der erste große Höhepunkt der Vereinsgeschichte in eine Zeit, in der oben wieder mal Beschlüsse gefasst werden. Und zwar solche, die nicht zum Ziel hatten, die sportliche Leistungsfähigkeit der BSG zu steigern. Die Spieler sind bis dato zwar beim Trägerbetrieb angestellt, so richtig arbeiten müssen sie aber nicht. Und mit genau diesem „Lotterleben" soll nun Schluss sein, die Spieler müssen nun neben dem Fußballtraining auch arbeiten gehen. Dieser Beschluss von oben wird konsequent umgesetzt. Wegen „profihaften Verhaltens" werden beispielsweise Aktivist Schwarze Pumpe und Stahl Eisenhüttenstadt mit einem Zwangsabstieg belohnt. Der heutige Marketingchef des Vereins, Ralf Lempke, der 1975 bei einem Spiel in Magdeburg als 19-jähriger Spund gegen Pommerenke und Co. sein Debüt für Energie gibt, erzählt: „Letztlich sind wir dreimal in der Woche für einen halben Tag ins Kraftwerk gefahren. Wir haben auch nicht viel mehr als die normalen Arbeiter bekommen. Oben drauf gab es die Siegprämien, 50 Ostmark für einen Sieg in der Oberliga. Damit sind wir dann ins Stadt Cottbus gegangen und das war's dann auch schon. Und außerdem haben wir ja meistens auf den Sack bekommen. Gegen Aue oder Zwickau hat es mal zu einem Unentschieden gereicht. Wir Fußballer waren alle in der kleinen Heide, so heißt ein Teil des Kraftwerks, als Instandhaltungsmechaniker angestellt. Instand gehalten haben wir dort weniger, wir haben eher zugesehen, dass wir so wenig Schaden wie möglich machen. Meistens waren wir in der Werkzeugkontrolle eingeteilt, da konnten wir am wenigsten anrichten. Im Grunde genommen waren wir aber Staatsprofis und das hat sich eigentlich all die Jahre bis zum Ende nicht geändert."

Da hatten sich die Herrschaften in ihren Büros ja was gedacht. Eine Stadt, die fußballerisch seit jeher wenig gerissen hat, soll auf einmal zwei Fußballmannschaften beheimaten. In Cottbus gab es nämlich zu der Zeit, als der SCC entsteht, schon eine Mannschaft, die recht erfolgreich in der DDR-Liga kickte und sich ausgerechnet in der Spielzeit, in der der SC Cottbus installiert wird, sogar anschickte, um den Aufstieg in die Oberliga mitzuspielen. Im Stadion 8. Mai empfängt die ASG Vorwärts Cottbus ihre Gegner.

Um die 3.500 Zuschauer pilgern im Schnitt zu den Heimspielen. Zum interessanten Spiel gegen den späteren Ligameister Lokomotive Stendal kommen am sechsten Spieltag der Saison 1962/63 sogar 7.000 Besucher an den Ort, an dem heute die Cottbuser Universitäts-Bibliothek steht. Sie erleben eine 0:1-Niederlage der Lausitzer Armeekicker. Kein Spiel der Liga Staffel Nord sollte in dieser Saison besser besucht sein. Und auch eine bessere Platzierung als am Ende der Spielzeit 1962/63 sollte die ASG Vorwärts Cottbus nie mehr erreichen: sie landete auf Platz zwei. In eben diesem Moment kommt der Sportclub Cottbus daher und soll – staatlich verordnet – so schnell wie möglich nach oben. Sowas stößt beim gemeinen Sportinteressierten naturgemäß auf ebenso viel Gegenliebe wie ein Furunkel am Allerwertesten. Unter diesen Umständen überrascht die Reaktion der Fußballfreunde aus der Lausitz. Während die Neuen

ASG Vorwärts Cottbus existierte von 1955 bis 1974 und war eine Sportgemeinschaft der Armeesportvereinigung Vorwärts. Diese, kurz ASV Vorwärts, war in der DDR die Sportvereinigung der Nationalen Volksarmee bzw. vor deren Gründung der kasernierten Volkspolizei. Auch Vorwärts Cottbus war ursprünglich durch Beschluss von oben entstanden und aus der ersten Mannschaft des SC Vorwärts Leipzig gebildet worden, indem man die meisten der Leipziger Spieler nach Cottbus delegiert hatte. Der neu gegründete Club hieß zunächst „SC Vorwärts der Luftstreitkräfte Cottbus" und übernahm 1955 den Startplatz der Leipziger für die neu geschaffene II. DDR-Liga. Ab 1959 hält die Mannschaft sich passabel in der DDR-Liga, steigt aber Ende der Saison 1973/74 in die Bezirksliga ab. Hier soll Vorwärts allerdings nie antreten, da die Truppe mal eben nach Kamenz verschifft wird, bevor man sie im Jahre 1985 endgültig auflöst. Ein gewisser Hans-Jürgen Stenzel, der 1955 mit von Leipzig nach Cottbus gekommen war, sollte später zweimal Trainer von Energie werden (1978–80 und 1991–92).

vom Fleck weg einen Schnitt von etwa 3.500 Besuchern begrüßen dürfen, damals noch auf den Traversen des Stadions der Eisenbahner, pegeln sich die gelb-roten Armeekicker bei etwa einem Tausender weniger ein. Von Seiten der Bevölkerung gibt es keine Feindseligkeiten, der neue Club wird relativ schnell angenommen und ist mit Vorwärts rasch auf gleicher Höhe oder den Rot-Gelben sogar voraus. Zwei Mannschaften in einer Stadt in derselben Liga, das elektrisiert die Massen und so dürfen beide Vereine zu den Derbys regelmäßig den Saisonrekord an Zuschauern verbuchen. Im ersten Jahr strömen 5.000 Leute zum Heimderby von Vorwärts, während das SCC-Heimspiel im Stadion der Eisenbahner sogar 9.000 Besucher verfolgen. (Eine solche Kulisse ist heute angesichts der Verhältnisse vor Ort gar nicht mehr vorstellbar, dabei wurde sie im Frühjahr 1966 mit 11.000 Zuschauern sogar noch einmal überboten.) Doch ausgerechnet in diesem Spiel gelingt Vorwärts ein Sieg, während grundsätzlich der Sportclub die Derbys dominiert. Am Ende der Cottbuser Vorwärts-Existenz stehen drei rot-gelben Siegen neun Energie-Triumphe entgegen. Doch das Verhältnis beider Mannschaften ist von sportlichem Wettstreit gekennzeichnet, es herrscht ein gesunder Konkurrenzkampf. Von Seiten der Rot-Weißen wird durchaus anerkannt, dass bei Vorwärts auch gute Fußballer unterwegs sind. Klaus Stabach und Hajo Prinz nennen namentlich „einen Peter Rößler, einen Egler im Tor oder den Opitz". Im Laufe der Jahre wechselte auch der eine oder andere von Vorwärts zu Energie. Am Tag nach dem Derby gibt es immer ein großes Treffen bei Harry Klämbt, bei dem der Gegner noch einmal auf die Schippe genommen wird. Harry Klämbt betrieb eine Wirtschaft neben dem heutigen Glad House. Die Anhängerschaften charakterisieren Stabach und Prinz in etwa so: „Zu Vorwärts gingen die mit dem Fußballsachverstand, die Taktiker. Bei uns waren die Arbeiter auf den Rängen zu finden. Die Derby-Spieltage waren aber Feiertage für den Cottbuser Fußball."

Während sich die Armee vom Cottbuser Fußball verabschieden muss, tauchen andere Spielkameraden wieder auf der Bildfläche auf: die Eisenbahner. Das Intermezzo der BSG Lokomotive Cottbus auf der überregionalen Bühne währt allerdings nur kurz, gegen die BSG Energie gibt es gar nur zwei Vergleiche in der Saison 1974/75, welche mit 4:1 und 3:1 an die haushohen Favoriten aus dem Stadion der Freundschaft gehen. Am Ende der Saison steigt Lok wieder ab, etwa 1.000 Anhänger dürfen die Eisenbahner pro Spiel begrüßen. Fazit: Vorwärts Cottbus umgesiedelt, Lokomotive

Cottbus sportlich zu schwach. Vorwärts Kamenz 1985 aufgelöst – ein Schicksal, das Lok Cottbus um die Jahrtausendwende auf Umwegen auch ereilen sollte.

Damit endet auch die aktive Zeit der Ultras ESV, einer kleinen Gruppe noch heute eng befreundeter Jungs, welche dem Verein über die Dörfer folgten. Den Kasten Bier immer dabei und die eine oder andere Fahrradtour über die nahen Dörfer auf dem Programm, wurde manch Kuhstall zugenebelt und damit die Milch- und Rindfleischproduktion der örtlichen Kolchose temporär lahmgelegt. Neben der Tatsache, dass die Jungs mit dem „Kuhstecher“ ein eigenes Fanmagazin auf die Beine stellten, beharren sie auch heute noch darauf, die erste richtige Ultragruppe in Cottbus gewesen zu sein, freundschaftliche Kontakte nach Altenburg zur „Skatstadtmoite“ und nach Gera zu den „Ultras Gera“ inklusive. Als ernsthafte Konkurrenz zur energetischen Übermacht, so viel Arroganz muss einfach sein, taugt dies alles jedoch nichts. Energie Cottbus ist mit Abstand die Nummer 1 in der Stadt!

Als der SCC 1963 gegründet wurde, übernahm er auch das Spielermaterial der ersten Mannschaft von der BSG Lokomotive Cottbus und bildete daraus vornehmlich seine zweite Mannschaft. Die vorher in der Bezirksliga kickenden Lokisten konnten dieses Level danach nicht mehr halten und tauchten erst weit nach der Gründung der BSG Energie wieder höherklassig auf. 1971 gelang sogar der Aufstieg in die DDR-Liga, zumeist jedoch tummelte sich Lok im Bezirksmaßstab. In den Wendewirren gelingt 1991 der Landespokalsieg, ein 0:3 gegen den VfB Oldenburg bleibt jedoch die einzige urkundliche Erwähnung von Lok Cottbus in einem DFB-Wettbewerb. Ende der 1990er Jahre geht es mit den Fußballern des jetzt ESV Lok Cottbus heißenden Vereins bergab. Die Deutsche Bahn als Namensgeber der Eisenbahnersportvereine verlangt einen bestimmten Anteil an Bahnangestellten, woraufhin der ESV Lok seine nun immerhin im Landesmaßstab kickende Fußballabteilung in den FSV Cottbus '99 ausgliedert. Dieser kann sich finanziell nur wenige Jahre über Wasser halten und löst sich kurze Zeit später im Jahr 2001 auf.

[Exkurs] Das Stadion der Eisenbahner

Ein Club ohne Heimat, ohne Spielstätte. In Cottbus sind alle Sportstätten besetzt, als der neugegründete SC Cottbus 1963 einreitet. Alles kein Problem. Zu den Sportlern aus Brieske kommen die von Lok Cottbus. So werden die Neuen erst einmal im Stadion von Lok, dem Stadion der Eisenbahner, einquartiert. In den ersten Jahren hat der SCC daher sogar drei Männermannschaften. Ins Areal an der Lipezker Straße zwängen sich 11.000 Zuschauer, als es 1966 gegen Vorwärts Cottbus geht. Angesichts des heutigen Zustands ein nahezu unvorstellbares Szenario und auf Dauer auch nicht tragbar. Anfang der 1970er Jahre kommt Energie Cottbus zugute, dass der technische Direktor beim Rat der Stadt Cottbus angestellt ist und Einfluss auf die Verteilung der Sportstätten nehmen kann. Er sorgt dafür, dass Energie aus dem Süden in den Osten der Stadt umzieht. Die Lausitzer Rundschau, die nach dem ersten Spiel des SC Cottbus im Sportteil noch von einem Länderkampf im Faustball aus dem Stadion der Freundschaft berichtete, wird diesen Sportplatz in Zukunft nahezu ausschließlich in ihrer Berichterstattung über Spiele der Energie erwähnen. Das Stadion der Eisenbahner wird dagegen bis weit in die 1990er Jahre die Heimat der BSG Lokomotive Cottbus bleiben. Das ändert sich, als die zweite Mannschaft von Energie 1998 aus der Verbandsliga Brandenburg in die NOFV-Oberliga Süd aufsteigt, und der Verein einen geeigneten Spielort nachweisen muss. Bisher haben die Nachwuchskicker auf dem Sportplatz an der Fichtestraße im Cottbuser Westen gespielt. Dort, wo bis zur Wende die Feldhockeymannschaft der BSG Lok RAW Cottbus auf den Ball drosch, versammelten sich ab und an diverse Energetiker, um umliegende Ameisenhaufen auszuräuchern und dem Amateure-Support zu frönen. Der Aufstieg bedeutet das Ende der sportlichen Nutzung des Fichtesportplatzes, seit 1998 liegt er brach, ein verlorener Sportplatz im wahrsten Sinne des Wortes. Energie dagegen zieht mit der zweiten Mannschaft in den Cottbuser Süden, und der bis dahin im Stadion der Eisenbahner spielende ESV Lok muss sich jetzt hinten anstellen. Im Jahr 2001 kauft Energie das Gelände von der Deutschen Bahn für fast eineinhalb Millionen Mark. Bis auf die Saison 2007/08, in der die zweite Mannschaft von Energie ihre Drittliga-Heimspiele im Stadion der Freundschaft spielen muss, ist das im Volksmund einfach nur Loki genannte Stück Zeitgeschichte der Spielort der Amateure. Für viele Fans sind Vereinsveranstaltungen im Loki aufgrund der räumlichen Nähe zwischen

Zuschauern und Akteuren sehr beliebt. 11.000 Zuschauer werden sich im Loki allerdings nicht mehr drängeln können, während die Amateure-Supporter auch hier weiterhin herumnebeln. Dem Regionalreporter Hajo Schulze, der die Zündler in seinen Artikeln nicht eben positiv erwähnt, wird eine Rauchdose unter dem Hintern angezündet, um ihn als den eigentlichen Urheber der Nebelentwicklungen zu entlarven. Schwarzer Rauch sorgt aber auch in Nachbars Garten für Spaß, Himbeertorte mit Rußpartikeln schmeckt besonders lecker. So stapfte eine Anwohnerin mal eben ums Stadion, um wutentbrannt an der Trainerbank aufzutauchen und den Trainer höchstpersönlich (aber erfolglos) aufzufordern, den Dreck endlich auszumachen. Auf der anderen Seite des Sportplatzes können sich einige Schelme ihr Lachen nicht verkneifen. Im Zuge der finanziellen Probleme 2005 versucht der Verein zwar, das Loki wieder zu verkaufen, die Entscheidung wird durch die Krein'schen Nachfolger im Präsidium jedoch schnell wieder verworfen. Vielmehr wurde die alte Überdachung einer innerstädtischen Straßenbahnhaltestelle genutzt, um eine Gerade zur Hälfte zu überdachen und aus alten Sitzplätzen der Westtribüne des Stadions der Freundschaft hier neue zu errichten. Auf ein Bierchen ins Loki und bei Schröters auf der Terrasse sitzen, ist eine entspannte Freizeitgestaltung an einem Sonntagnachmittag. Erfahrene Loki-Besucher empfehlen Feuerfleisch mit Bratkartoffeln, gekochtes Rindfleisch mit einer Art Letscho.

Saison 1972/73

Am Ende der Spielzeit 1972/73 steht wieder einmal ein zweiter Platz zu Buche. Allerdings ist das Glück den Energetikern hold, auf dem Platz an der Sonne steht die zweite Mannschaft vom BFC Dynamo und die darf nicht aufsteigen. Somit ist der Weg für Energie in die Aufstiegsrunde frei, um einen der beiden Aufstiegsplätze zu ergattern. Während also selbst an den letzten regulären Spieltagen der Saison kaum mehr als 5.000 Menschen zu den Heimspielen gehen, finden sich am Samstag dem 7. Juli 1973 über 12.000 Menschen im Sportareal am Spreeufer ein, als gegen Vorwärts Stralsund bei hochsommerlichen Temperaturen mit einem 1:1 der letzte zum Aufstieg fehlende Punkt eingefahren wird. Dieses Phänomen des Zuschaueransturms sollte in der weiteren Vereinsgeschichte noch des Öfteren zu beobachten sein. Torschütze für die Energie war kein geringerer als der damalige Mannschaftskapitän Klaus Stabach. Die Neue Fußballwoche, quasi der kicker aus dem Osten und immer dienstags unterm Ladentisch am Kiosk erhältlich, überliefert ein phantastisches Fernschusstor des Liberos und ein vor Freude von Tausenden überflutetes Spielfeld im Stadion der Freundschaft. Im zehnten Jahr nach der Umsiedlung ist die BSG also dort angekommen, wo sie nach fachkundiger Einschätzung der Sportoberen bereits als SCC schon nach nur einem Jahr hingehört hätte: in der Beletage des DDR-Fußballs. Während tags darauf in der Sonntagsausgabe des Neuen Deutschland die Pioniere der Artur-Becker-Oberschule in Spremberg auf Seite fünf ein positives Fazit ihres Pionierauftrags ziehen dürfen, berichtet die gleiche Gazette auf Seite acht in eher nüchternen Worten über den Aufstieg von Stahl Riesa und Energie Cottbus. In der Lokalpresse dürfen die Leser „…dem Übungsleiter und dem gesamten Kollektiv“ gewidmete Glückwünsche auf der fünften Seite lesen, während auf Seite eins der Aufmacher „Erich Honecker gab Essen“ zu finden ist. Der Autor sieht „Große Veränderungen in der Welt und besonders in Europa seit dem vergangenen Jahr in Trinksprüchen gewürdigt“. Großartig!

1973 – 1982

Gewogen und für zu leicht befunden, dieses Fazit müssen die Rot-Weißen nicht nur am Ende der ersten Oberligasaison 1973/74 ziehen. Auch nach dem direkten Wiederaufstieg im Jahr 1975 geht es im Jahr darauf wieder umstandslos zurück in der Zweitklassigkeit.

Immerhin erweisen sich die Lausitzer als wahre Auswärtsstrategen. In beiden Spielzeiten, während der sie in der obersten Spielklasse auftreten, erringen sie mehr Auswärtssiege als Heimsiege. Wird in der gesamten ersten Saison genau ein Sieg verbucht (zum Hinrundenhalali bei Stahl Riesa wird 2:1 gewonnen), so kann Energie diese Ausbeute im zweiten Anlauf glatt verdreifachen. Der HFC Chemie ist am 22. Spieltag der Saison 1975/76 der Depp, der mit einem 0:1 als erste Mannschaft überhaupt in der Lausitz alle beiden Punkte liegen lässt, während Energie sowohl bei Chemie als auch bei Lok Leipzig auswärts auftrumpfen kann. Am Ende natürlich alles nur kleine Strohfeuer, sang- und klanglos führt der Weg des mit Abstand Tabellenletzten nach unten, und dort verbleiben die Kicker auch erst einmal ein paar Jahre. In der ersten Saison nach dem Wiederabstieg springt nur ein fünfter Platz unter elf Mannschaften raus und sogar Aktivist Brieske/Senftenberg rangiert in der Endabrechnung vor Energie – eine Schmach sondergleichen. In den Folgejahren reichen zweimal auch Staffelsiege nicht aus, da in den Aufstiegsrunden 1979 und 1980 einmal die Klasse und einmal das Glück fehlen. Dafür geht es dann 1981 ganz souverän nach oben und aller guten Dinge sollen doch nun wirklich drei sein. Wie man sich vielleicht schon denken kann, waren sie es natürlich nicht. Am Ende der Saison steht im Frühjahr 1982 der dritte sofortige Wiederabstieg fest. Schlappe drei Heimsiege (gegen Wismut Aue, wieder einmal den HFC und zum Ende gegen Vorwärts Frankfurt/Oder) reichen nicht aus, um im Stadion der Freundschaft endlich einmal eine Klassenerhaltsfeier ausrichten zu können. Drei Punkte Rückstand hatte man letztlich auf den Tabellenzwölften, aber immerhin beendete Energie die Saison mal nicht als Letzter: Chemie Buna Schkopau hatte ein schlechteres Torverhältnis. Die Zahl „3" sollte in der weiteren Geschichte des Energievereins noch eine große Rolle spielen.

Danilo Helbig:
„Im März 1980 wurde ich als Neunjähriger mit dem Energievirus infiziert. Damals wurde ich bei einem Sieg unserer Schulmannschaft gegen die BSG Energie vom damaligen und langjährigen Nachwuchstrainer Ulrich Nikolinski ‚entdeckt'. Mein Talent reichte nur für wenige aktive Jahre im Energie-Nikki, aber seitdem war ich ständiger Besucher der Heimspiele. Anfangs noch als Balljunge, blieb mir ein Spiel in der Oberliga-Aufstiegsrunde 1981 gegen Union Berlin an einem Samstagvormittag in bleibender Erinnerung. Wegen des frühen Anpfiffs um 11 Uhr musste ich nach der Schule erst schnell meinen Ranzen abwerfen, den Trainingsanzug anziehen und zum Stadion radeln. Etwas verspätet nahm ich meinen Einsatzplatz an der Mittellinie der Gegengeraden ein, dort waren damals auch noch die Trainerbänke platziert. Die Energie-Fans hatten in den Jahren der DDR-Liga ihren Stammplatz ebenfalls hinter der Mittellinie der Gegengeraden. Nur diesmal sahen die alle anders aus. Auch ihre Fahnen, und es waren so viele! Es dauerte eine Weile, bis ich kapierte, dass dies die Union- und nicht die Energieanhänger waren. Eine in den damaligen Jahren gängige Praxis: Die zahlenmäßig deutlich überlegenen Gästefans okkupierten den eigentlichen Stammplatz der Energie-Fans. Und diese verdrückten sich in die nordwestliche Kurve zwischen Spielertunnel und Haupttribüne. Das Stadion war mit über 12.000 Zuschauern zum Bersten gefüllt. Doch anfangs konnten nur die Gäste aus Berlin über ihre Führung jubeln. In der zweiten Hälfte drehte unsere Elf jedoch sensationell das Spiel. Beim 2:1-Führungstreffer rannte die gesamte Cottbuser Trainerbank jubelnd auf das Spielfeld. Eine solche Stimmung und Euphorie hatte ich bis dahin noch nicht erlebt. Energie siegte und stieg damit in die Oberliga auf.

Danilo Helbig ist Fan seit Anfang der 1980er Jahre und Gründungsmitglied des Fanclubs Hans-Meiser-Team. Auch nach über 30 Jahren ist er immer noch dabei, wenn auch nicht mehr in der ersten Reihe. Dafür präsentiert Danilo bei nahezu allen Länderspielauswärtsfahrten die Energiefarben.

Stolz und voller Vorfreude ging ich zu meinem ersten DDR-Oberliga-Spiel ins Stadion der Freundschaft. Zu Gast war der FC Rot-Weiß Erfurt. Noch mehr Schlachtenbummler als beim Gastspiel der Unioner hatten sich an der Mittellinie breit gemacht. Zudem marodierten vereinzelte Trupps durch das gesamte Stadion und stürzten sich auf alle, die nach Energie-Fan aussahen. Vom Innenraum konnte ich beobachten, wie zahlreiche Cottbuser ihre Schals und Jeanskutten an den Erfurter Mob verloren. Erst wenige Minuten vor dem Anpfiff stürmten vielleicht 20 Energiefans in die Nordwestkurve, warfen eine kleine Fahne über den Zaun und versuchten sich in Anfeuerung unserer Elf. Auf dem Rasen setzte sich das Trauerspiel fort. Gegen die mit den Legenden Romstedt und Heun aufgelaufenen Erfurter verloren wir sang- und klanglos mit 0:5 vor 11.000 Zuschauern.

In positiver Erinnerung blieb mir dagegen das letzte Heimspiel dieser Saison. Unsere Mannschaft war bereits abgestiegen, und zu Gast vor 5.000 Zuschauern war der FC Vorwärts Frankfurt/Oder. Die Frankfurter standen auf dem dritten Tabellenplatz und wollten sich mit einem Sieg den Startplatz im Europapokal sichern. Die Oderstädter waren sich ihrer Sache sehr sicher. Ihr Anhang feierte bereits zu Spielbeginn die Europapokalteilnahme. Und zur Halbzeit führten sie auch mit 2:0. Doch Energie kam wie verwandelt und nicht wie ein Absteiger aus der Kabine. Bis zur Mitte der zweiten Hälfte konnten sie den Spielstand egalisieren. Doch nur eine Minute nach dem Ausgleich gingen die Frankfurter erneut in Führung. In der letzten Viertelstunde drehten unsere Jungs noch einmal das Spiel und gingen am Ende mit 4:3 als verdiente Sieger vom Platz. Was für eine Moral! Und welch diebische Freude unter den jubelnden Energie-Fans, dass man den arroganten Frankfurtern die Europapokalteilnahme versaut hatte. Nach diesem Abstieg begannen wieder die Jahre in der DDR-Liga. Ich selbst wechselte sportlich zum Handball bei BSG Lok RAW und wurde gleichzeitig vom Balljungen zum heranwachsenden Energiefan hinter dem Zaun. Die BSG Energie wurde aufgrund ihrer zahllosen vergeblichen Aufstiegsversuche in der Stadt meist nur verhöhnt. ‚Energie, schafft es nie!', war der übliche Spruch, der mir und meinen Freunden auf dem Weg ins Stadion hinterher gerufen wurde.

Heimspiele begannen für uns Jugendliche mit einer Stippvisite auf dem Schwarzmarkt. Auf dem Vorplatz des Stadions hatten ein paar bekannte Händler, darunter mit Mario Noack und Erwin zwei heutige Mitglieder des Hans-Meiser-Teams, ihre illegalen Verkaufsläden aufgebaut. Besonders Bilder, Pins oder rare Aufkleber von Westclubs waren sehr gefragt. Programmhefte und Aufnäher von DDR-Vereinen für die eigene Weste wechselten den Besitzer. Aber auch aus der BRAVO abfotografierte Bilder von Depeche Mode, Nena oder Limahl fanden Abnehmer. Im Energie-Block

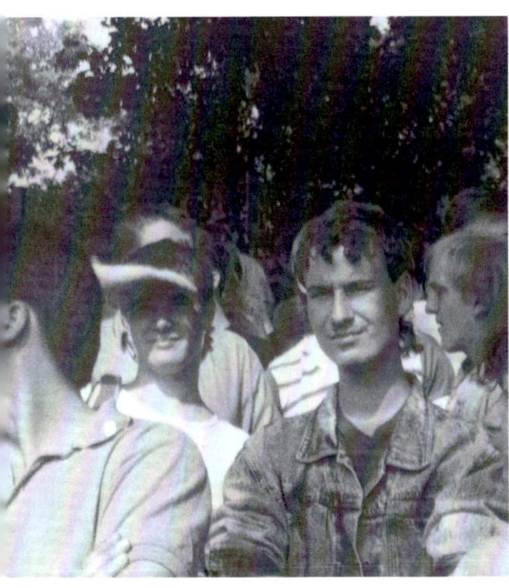
Energie Fanblock 1988. Gespannte Blicke in der Nordostkurve des Stadions der Freundschaft.

traf man immer die gleichen Gesellen im Jeanslook und mit Kutte (und der BFC Dynamo Aufnäher war immer durchgestrichen). In Erinnerung blieben mir zwei große, stämmige Brüder, Uwe und Micha H. aus und vom damaligen Fanclub Drebkau. Noch heute stehen die beiden bei jedem Heimspiel auf der Nordwand direkt unterm Dach. Früher hatten sie oft eine große lärmende Kuhglocke dabei. Dazu kam gelegentlich ein Typ mit einer von Hand bedienbaren Feuerwehrsirene. Der kurbelte dann immer wie wild, bis die Sirene aufheulte. Für optische Unterstützung sorgte selbst zusammengestückeltes Konfetti sowie zahlreiche Kassenrollen: der Stimmungsbasisartikel der DDR-Fußballfans. Diese wurden, mal im Dutzend, mal weniger, zu Spielbeginn und nach Toren im hohen Bogen auf das Spielfeld geworfen. In den Jahren der DDR-Liga besuchten meist 2.000 – 3.000 Zuschauer die Heimspiele. Gästefans nahm ich nur bei den Derbys gegen Schwarze Pumpe und Brieske/Senftenberg bewusst wahr, sowie aus Brandenburg bei den wichtigen Spielen gegen die Stahl-Elf um die Krone der Liga-Staffel.“

1984–1988

Herbst 1984, wieder einmal soll es die BSG Energie Cottbus am Ende der Saison zurück in die Oberliga schaffen. Aus den ersten acht Spielen holen die Kicker unter Anleitung von Günter Guttmann, der im Frühjahr 1982 den Posten des Trainers übernommen hat, genau einen einzigen Sieg. Gegen Mannschaften wie Dynamo Fürstenwalde, Schiffahrt/Hafen Rostock und Chemie Buna Schkopau gelingen keine Siege und gegen die am Saisonende auf dem letzten Platz stehende BSG Chemie Wolfen setzt es gar eine Heimniederlage. Die Geduld der Funktionäre ist am Ende und Günter Guttmann wird durch Fritz Bohla ersetzt. Unter seiner Regie schaffen die Energetiker in der Endabrechnung zwar noch den vierten Tabellenplatz, mit dem Aufstieg haben sie jedoch wieder einmal nichts zu tun. In der Folgesaison erreicht die Mannschaft dann Platz zwei hinter der nicht aufstiegsberechtigten BFC-Reserve. Nach einem 4:0 gegen die BSG Post Neubrandenburg im letzten Ligaspiel am 1. Juni 1986 freut man sich also auf ein Wiedersehen mit den großen Clubs des DDR-Fußballs in Cottbus. Vorher darf Energie noch eine Reise nach Westberlin unternehmen, wo man beim SV Blau-Weiß 90 Berlin eine 1:6-Niederlage kassiert. Den Verbandsoberen gefällt dieses schmachvolle Ergebnis beim Klassenfeind natürlich weniger, in der Lausitz interessiert das aber keinen. Eine neue Saison im Oberhaus steht bevor und diese wird spannend bis zum Schluss. Am letzten Spieltag liegt Energie als Vorletzter genau einen Punkt hinter Stahl Riesa. Während die Cottbuser bei Stahl Brandenburg antreten, darf Riesa bei Lokomotive Leipzig ran. Dummerweise hatte Energie den Fehler begangen, kurz vorher im Spiel gegen Lokomotive Leipzig nach einem 0:2-Rückstand noch einen Punkt zu holen. Die Blau-Gelben unterstellten den Lausitzern daraufhin eine überharte Spielweise. Der damalige Leipziger Vereinsvorsitzende Peter Gießner hat angeblich kurz vor dem letzten Spieltag gesagt: „Ihr könnt spielen, wie ihr wollt. Riesa bleibt drin!“ Energie siegte am Pfingstsamstag auswärts mit 1:0 in Brandenburg und stieg trotzdem ab. Stahl Riesa hatte mit einem 1:1 den einen nötigen Punkt in Leipzig geholt und blieb mit dem besseren Torverhältnis in der Oberliga. Trainer Fritz Bohla wird etwa zwanzig Jahre später zu Protokoll geben, dass Gerüchten zufolge zufälligerweise gleichzeitig auch noch eine Ladung niegelnagelneuer Autoreifen aus dem Pneumant Reifenwerk in Riesa auf dem Weg nach Leipzig ist.

Ingolf Urban, ein glühender Energiefan aus Forst/Lausitz, erinnert sich an diesen Tag: „Ich bin mit vielen anderen mit dem Sonderbus von FDJ-Jugendtourist nach Brandenburg gekullert, wir waren so circa fünfzig Mann im Bus. Die Stimmung unter den Energiefans war während des Spiels im Stadion durchgängig gut, wir waren vielleicht so 150 Leute insgesamt. Das war meine erste Auswärtstour mit Energie! Beim Siegtor von Frank Vogel in der 86. stand der ganze Gästeblock Kopf! Die Ernüchterung kam aber noch. Das Ergebnis von Lok gegen Riesa wurde mit blankem Entsetzen wahrgenommen. Ob wir da von Schiebung geredet haben, weiß ich nicht mehr, aber merkwürdig fanden wir es natürlich schon."

In der immer noch als Zentralorgan der Bezirksleitung der SED fungierenden örtlichen Tageszeitung wird der Torschütze am folgenden Dienstag wie folgt zitiert: „Wir wollen auf Anhieb den Wiederaufstieg schaffen. Das sind wir den Cottbusern schuldig!" Grund für das schlechte Torverhältnis, das den Abstieg besiegelte, war unter anderem ein Kick am 28. März 1987 gegen die schwarz-gelben aus der Stadt an der Elbe zwischen Pirna und Meißen. An diesem Tag ist Vattern mal wieder nebenbei pfuschen, um der Familie noch die eine oder andere Mark dazu zu verdienen. 14.000 Ostmark für den Trabi müssen schließlich irgendwoher kommen und Zeit für den Jungen kann er daher nicht so recht aufbringen. Muttern will wohl auch mal ihre Ruhe haben und begeht einen folgenschweren Fehler. Sie schickt den Jungen mit einer Mark los und so geht es eben allein ins Stadion. 25 Pfennig kostet der Stehplatz ermäßigt, 40 Pfennig das Programm, die restlichen 35 Pfennig wandern am Ende des Nachmittags wieder in Muttis Geldbörse. Der kleine Junge hat nicht seine Eltern verloren, sondern steht hinter der Südkurve in der Schlange an den Kassen. Rechterhand haben sich schon jede Menge Sportfreunde breitgemacht, die es mit den Gästen halten. Sie sollen am Ende des Tages zufrieden den Heimweg antreten, während die Gastgeber eine derart herbe Klatsche in heimischer Umgebung erst 27 Jahre später wieder hinnehmen müssen (beim 0:6 gegen die SpVgg Greuther Fürth im Jahr 2014). Das damalige 0:5 gegen die Fahrradlichterzeuger ist der Beginn einer Fankarriere. (Muttern ahnt noch nicht, was sie da angerichtet hat!) Aber leider gab es derlei Ergebnisse im Verlaufe dieser Saison schon öfter, 0:4 beim Hinspiel im Tal der Ahnungslosen, 0:3 bei Lok oder auch 0:4 bei Stahl Riesa. Resultat ist eben das schlechte Torverhältnis am Ende der Saison. Was das Endspiel Riesa gegen Lok betrifft, so hätte die Loksche aber wohl angesichts der zitierten Aussage wohl notfalls auch gegen Riesa verloren. Da ist es doch etwas verwunderlich, dass sich die Lokisten selbst heute noch mit Verve darüber echauffieren, dass der Sportfreund Stumpf beim legendären Spiel zwischen Lok und dem BFC am 22. März 1986 im Bruno-Plache-Stadion so lange nachspielen lässt, bis der BFC einen unberechtigten Elfmeter zum 1:1-Ausgleich verwandeln kann – ein nahezu historischer Pfiff der DDR-Fußballgeschichte. Energie lässt sich dadurch jedoch nicht aufhalten. Die folgende Liga-Saison wird souverän gespielt und endet auf Platz 1. Rund um das jährlich Ende Mai stattfindende Pressefest der Bezirkszeitung feiern über 5.000 Zuschauer nach einem 4:1 gegen Motor Ludwigsfelde die umgehende Rückkehr ins Fußballoberhaus.

Danilo Helbig:
„Das erste Auswärtsspiel für einen Energiefan war meist eines der nahen Derbys gegen Hütte, Brieske oder Pumpe. Bei mir war es im Mai 1986 ein torloses Unentschieden in Hoyerswerda. Seitdem habe ich es auf bisher 332 Auswärtsspiele gebracht. In der DDR-Zeit wurde fast ausschließlich Zug gefahren. Jeder besorgte sich das halbjährlich erscheinende Kursbuch der Deutschen Reichsbahn mit den landesweiten Zugverbindungen. Am Cottbuser Bahnhof trafen wir uns meist am kaum genutzten Westausgang und schauten, wie viele, oder eher wie wenige, wir denn waren. Nach meiner Erinnerung fuhren zu den nahen Spielen wie nach Frankfurt um die 150 Leute, sonst schwankte die Zahl zwischen 30 und 80 Fans. Dabei hatte die Getränkelogistik oberste Priorität. Ein Mitglied des Energiefanclubs ‚Cottbuser Bier' berichtete, dass man die Ferien- und Gelegenheitsarbeit in der Cottbuser Brauerei gern dazu nutzte, einen kleinen Teil der Produktion ‚aus Versehen' sehr nah an der Mauer des Betriebsgeländes abzustellen. Und frühmorgens auf dem Weg zum Bahnhof wurden dann im Schutze der Dunkelheit der eine oder andere Kasten über die Maurer gehoben oder die Dederon-Netze bis zur maximalen Ausdehnung vollgepackt. Auf dem Bahnsteig konnte man die Jungs vom Fanclub Drebkau meist nicht von den anderen Reisenden unterscheiden, trugen sie doch immer große schwarze Reisetaschen bei sich. Erst beim Anheben der Taschen hörte man den klirrenden Unterschied. Die Getränke wurden dann auf den Umsteige- und Endbahnhöfen für die Rückfahrt in Schließfächern zwischengelagert. Eine damals übliche Praxis unter Fußballfans, denn an Spieltagen gab es auf den Bahnhöfen keinen Alkoholausschank. Ich erinnere mich gut an eine Fahrt nach Jena. Neben uns nicht mal einhundert Energie-Fans standen auf dem Cottbuser Bahnsteig bereits die Fans vom Carl Zeiss Fanclub ‚Peter Ducke' aus Spremberg. Im Zug, der aus Frankfurt/Oder kam, saß bereits der Jena-Fanclub aus Guben. Und so wurden es auf der Fahrt immer mehr Blau-Gelb-Weiße. In Jena angekommen, waren wir deutlich in der Unterzahl. Wir nahmen daher den Weg vom Bahnsteig über den Zaun zur Straße. Doch einige von uns mussten ja ihr Gepäck in den Schließfächern bunkern. Die ersten, die dann um die Häuserecke zum Bahnhof einbogen, kamen gleich wieder zurückgeflogen. Die Jenaer hatten dort schon gewartet. Generell war es zu Zeiten der DDR-Oberliga heikel, vom

Bahnhof zum Stadion zu kommen. Im Zug selbst reiste immer die Trapo (Transportpolizei) mit. Bei uns Cottbusern waren das meist nur vier Trapos und ein Hund, das reichte vollkommen aus. Damals hatten eben alle noch Respekt vor der Staatsmacht. Auch die BSG Energie schickte stets ein paar, jedoch meist untätige, Ordner mit. Auf dem Weg vom Zielbahnhof zum Stadion waren wir aber auf uns allein gestellt. Eine Begleitung gab es nicht. Daher teilten wir uns meist in kleine unauffälligere Grüppchen. Im Stadion selbst und auch auf dem Rückweg zum Bahnhof waren dann Polizei und Ordner anwesend, drohte dort ja offener Aufruhr größerer Massen. Und so etwas durfte es ja in einer sozialistischen Gesellschaft nicht geben. Zum Bahnhof wurden wir dann zu Fuß eskortiert, fast immer verfolgt vom einheimischen Krawallmob. Wir wurden aber auch mit der Straßenbahn, dem Bus oder, wenn wir mal ganz wenige waren, einfach mit einem Polizei-Lkw zum Bahnhof gefahren. Daraufhin konnte es wieder gefährlich werden, da es keine Übergabe an die Trapo gab. Oder beim Umsteigen. Leipzig war an jedem Spieltag die Fan-Drehscheibe, hier mussten die meisten auf ihrem Weg umsteigen. Dort war immer Vorsicht geboten, weil man nie wusste, auf welchen Mob man treffen würde. Und Schals oder die damals sehr beliebten handgemalten Schärpen versteckte man besser unter der Jacke. Für uns Cottbuser fuhr von Leipzig immer der ‚Polenzug' als letzte Gelegenheit kurz nach zehn Uhr abends nach Hause. Der Zug der polnischen Staatsbahn bot in seiner Mitropa polnisches Bier und Spezialitäten sowie Abteile zum Ruhen."

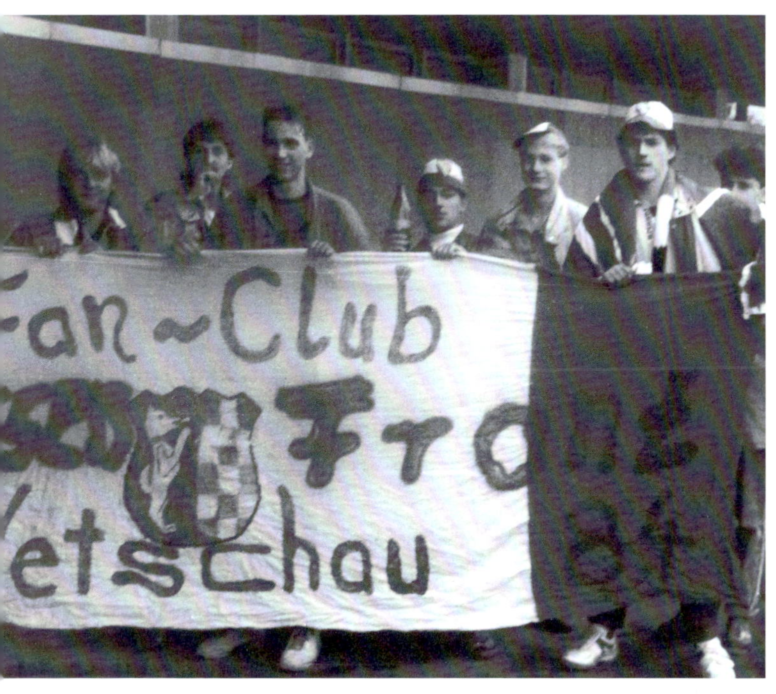

Der Fanclub Preussen Front Vetschau 1984 vor einem Auswärtsspiel auf dem Bahnhof Cottbus.

Saison 1988/89

Samstagmittag in einem Cottbuser Plattenbau in der Nähe vom Bahnhof. Mittagessen. Aufregung. Muttern hat bei der Nachbarin einen Schal stricken lassen. Rot-weiß-rot-weiß-rot-weiß. Zwei Meter lang und der neue Stolz des Jungen. Premiere gegen Jena. Eine Mark in der Tasche, den Schal um den Hals, so geht es ab zur Straßenbahn. Fahrschein 10 Pfennige und am Bahnhof steigen die ersten Gästefans ein. Den kleinen Jungen beachten sie nicht und eigentlich sind sie auch ganz lustig. Singen Lieder, trinken Bier, lassen sogar das alte Omchen sich hinsetzen.

An der Stadionkasse angekommen das bekannte Ritual, Eintritt 25 Pfennig, Programm 40 Pfennig und ab in die Südkurve, runter an den Zaun. Linkerhand erhebt sich eine neu gebaute Tribüne mit Dach. Die Sommerpause hatte man genutzt, um die zu diesem Zeitpunkt größte überdachte Sitzplatztribüne in der DDR entstehen zu lassen. Gerüchte gehen um, dass die Baumaterialien von der Baustelle für die neue Bahnhofsbrücke abgezweigt wurden. Gerüchte gehen um, dass es sich um einen Schwarzbau handelt. Heute sagt die für das Stadion zuständige Sachbearbeiterin bei der Stadtverwaltung Cottbus, das Bauwerk wäre zu seiner Zeit genehmigungsfähig gewesen und daher gibt es dafür fast dreißig Jahre später Bestandsschutz. All diese Gerüchte beeindrucken die Anhänger überhaupt nicht, sie rennen dem Verein die Bude und die neue Tribüne ein. Sie klatschen rhythmisch und rufen dazu: „Cottbus! Cottbus!" Das Spiel ist mitreißend. Jena – mit Jürgen Raab, Perry Bräutigam und Stefan Böger, trainiert von Lothar Kurbjuweit – geht zwar Mitte der ersten Hälfte in Führung, das Spiel jedoch bestimmen die Rot-Weißen. Jena stolpert irgendwie überrascht über den Rasen, dennoch hüpfen sie vorerst im Gästebereich auf und ab. Tor für Jena in der 33. Minute. Aber so einfach machen wir es den Jenensern heute nicht. Energie rennt, Energie kämpft, Energie schießt, das Stadion brüllt: „Cottbus! Cottbus!", die Zuschauer sind der berühmt-berüchtigte 12. Mann. Die Zeit verrinnt. Energie

Von einem gewissen Peter-Ducke-Fanclub aus Spremberg, der bereits seit DDR-Zeiten existiert, wird der kleine Junge erst zwanzig Jahre später erfahren. Bei einigen der von diesem durchaus sympathischen Jena-Fanclub organisierten, traditionellen Neujahrsturniere wird er die Töppen schnüren und die Biere leeren.

rennt, Energie kämpft. „Cottbus! Cottbus!" Solange die Beine tragen. Energie schießt. Und diesmal mit Erfolg! 82. Minute, Flanke aus dem Halbfeld, Kopfball Melzig, Ausgleich! Tollhaus! Ein kleiner Junge mit hochrotem Kopf springt auf und ab, schwenkt enthusiastisch in der Südkurve seinen Schal. 87. Minute, Eckball von links, Getümmel, Fallrückzieher Melzig, Führung, Tollhaus! Ausgerechnet Melzig, ein Abwehrspieler, wie er im Buche steht, ein Grobmotoriker vor dem Herrn, per Fallrückzieher! Ein kleiner Junge mit hochrotem Kopf springt auf und ab, schwenkt noch enthusiastischer seinen Schal. Die folgenden Minuten dauern Stunden, 12.300 Anhänger bejubeln jeden energetischen Ballkontakt wie ein weiteres Tor. Abpfiff! „Cottbus! Cottbus!", die Stimmung ist grandios. Die Jena-Fans singen keine Lieder mehr, still sitzen sie mit ihrem Bier in der Hand in der Bahn. Der kleine Junge fährt mit stolzgeschwellter Brust nach Hause. Wie den Fans vom FC Carl Zeiss wird es in dieser Saison noch vielen gehen, da sind sich alle einig. Diese Saison würde anders werden! Aller guten Dinge sind eben doch manchmal fünf! Energie schickt sich an, endlich die Rolle einzunehmen, die sich die DDR-Sportfunktionäre bereits bei der Umsiedlung aus Senftenberg im Jahr 1963 für den Club vorgestellt haben und begeistert die Fußballfreunde der Region. Fast 13.100 Besucher passieren im Schnitt die Tore zu den Heimspielen. Damit ist das Stadion der Freundschaft der drittbeliebteste Spielort der Oberliga, nur im Tal der Ahnungslosen und in Südschweden rennen noch mehr Leute zum Fußball. Die Atmosphäre wird noch den einen oder anderen Großen stolpern lassen, Energie wird eine Heimmacht! In Cottbus muss der Kassenwart nur ein einziges Mal eine vierstellige Zuschauerzahl verkünden. Am 3. Dezember 1988 erwartet Energie die Himmelblauen aus der Stadt mit drei O – Korl-Morx-Stodt. Auf der Spielfläche sehen 8.000 Zuschauer an diesem Samstag die Lausitzer Winterspiele, es liegen etwa 20 Zentimeter Schnee, der Ball ist rot, das Spiel findet statt, eine Absage kommt nicht in Frage, Fußball ist Männersport! Der kleine Junge hat sich für dieses Spiel noch einmal besonders vorbereitet. Ein von einem Baum abgebrochener Ast, ein aus einem Blatt Papier ausgeschnittenes Dreieck, ein roter Wachsmalstift und drei Reißzwecken – fertig war die erste eigene Fahne und stolz ging es los. Eine Mark in der Tasche, den Schal um den Hals, die Fahne in der Hand. Fahrschein 10 Pfennig, Eintritt 25 Pfennig, Programm 40 Pfennig, schon früh wird der Besuch zur Routine. Also schnell zum Einlass, wo die Ordner gleich einmal die Fahne inspizieren. Und wegnehmen. Der Stock ist zu dick, die eigene Bastelarbeit wandert in den Müll. In die Südkurve und ab an den Zaun; bei den Schneespielen stellen sich die Cottbuser Kicker deutlich talentierter an als die Gäste aus Kalle-Malle. Am besten macht es ein gewisser Petrick Sander, der dem FCK bis zur Halbzeit gleich mal drei Buden einschenkt. Der kleine Junge springt am Zaun herum, auch ohne Fahne. Die 250 Fans im Gästeblock dürfen nur noch zum Ehrentreffer Mitte der zweiten Hälfte applaudieren. Der kleine Junge fährt mit stolzgeschwellter Brust durch das vorweihnachtliche Cottbus nach Hause. Am Ende der Saison schaffen es lediglich der BFC und der spätere Meister in schwarz-gelb, beide Punkte aus der Lausitz zu entführen. Auswärts entpuppen sich die

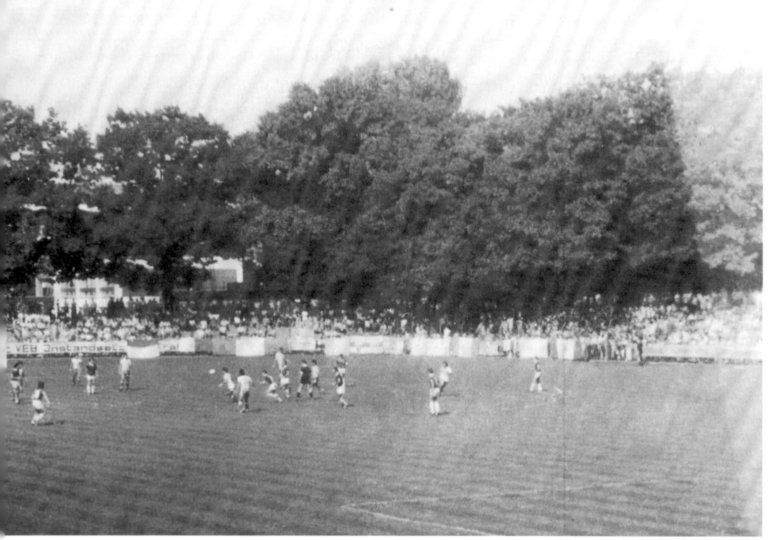

Blick aus der Südkurve: die Perspektive des kleinen Jungen. Heimspiel gegen Eisenhüttenstadt 1989.

Rot-Weißen aber allzu oft als Kanonenfutter, lediglich einen Sieg beim HFC ergattert Energie. Lohn der vielen Mühen ist der zehnte Platz in der Gesamtabrechnung. Die Fahne hat der kleine Junge zum ersten Heimspiel nach der Winterpause erneuert und diesmal besteht das gute Teil auch den Blicktest der Ordner. Der Gegner aus Rostock bleibt dem kleinen Jungen weniger durch das 2:2 als durch seine betrunkenen und Fensterscheiben einwerfenden Anhänger in Erinnerung – die zu den Fenstern gehörenden Plattenbauten gibt es heute gar nicht mehr. Am drittletzten Spieltag feiern die Energiefans nach einem 1:1-Auswärtspunkt unter der Woche beim entthronten Serienmeister BFC Dynamo den ersten Oberliga-Klassenerhalt der Vereinsgeschichte. Der kleine Junge hüpft dieses Mal vor dem heimischen Fernseher, es läuft „Sport aktuell" – die DDR-Sportschau. Der Loksche wird das Gemauschel gegen Riesa auch noch heimgezahlt. Am Wochenende gastieren die Leipziger am vorletzten Spieltag in Cottbus. Hellmuth Hamann aus Finsterwalde, ein mittlerweile in der Nähe von St. Gallen lebendes Energie-Lexikon, erinnert sich: „Lok brauchte unbedingt noch einen Punkt, um am letzten Spieltag zumindest die Chance zu haben, sich noch für den UEFA-Cup zu qualifizieren. Die kommen hierher und führen auch 1:0. Aber unsere Jungs haben gekämpft wie's Böse. Und dann in der 89. Das 2:1 geschossen, Hackbusch, der war nur ein Jahr hier, aber egal. Was meinste, was da los war!" Recherchen ergeben zwar eine 1:0-Führung durch Olaf Besser und einen 1:1-Ausgleich, aber das Endergebnis zählt und Lok fährt bedient nach Hause. Energie ist sportlich endlich oben angekommen und beendet die Saison mit einem 2:2 beim FC Karl-Marx-Stadt.

Saison 1989/90

Geschichte wird gemacht, es geht voran! Die BSG ist noch nicht auf ihrem Zenit angekommen. Es ist der 9. September 1989, Energie spielt gegen den BFC, 11.500 Menschen finden den Weg ins Stadion an der Spree. Ein kleiner Junge sitzt traurig zu Hause. Während das Bruderherz sogar in der Halbzeitpause bei einem Duell zweier Schulmannschaften auf dem heiligen Rasen sein bescheidenes spielerisches Talent zeigen darf, hat Muttern erkannt, dass Fußballentzug als Bestrafung für Dummheiten den Jungen offenbar am ehesten zur Räson bringt. So bleibt nur der Trost, dass bei gut stehendem Wind auf dem heimischen Balkon der Lärm und die Stimmung aus dem Stadion zu hören sind. Und so muss der kleine Junge mit anhören, wie Detlef Irrgang kurz vor dem Spielende von rechts in den Strafraum eindringt, mit rechts einen Haken schlägt und dann vom Fünfmeterraum aus nach innen gibt. Denkt Bodo Rudwaleit, der Torhüter des BFC, der immer besonders freundlich mit „Bodo Eierkopp!" begrüßt wird. Er wirft sich in die Hereingabe. Und fliegt ins Leere. Irre schiebt den Ball ganz lässig ins verwaiste kurze Eck. Die Meute tobt, der kleine Junge auf dem Balkon auch – und schaut abends wieder „Sport aktuell". Einen Punkt in Cottbus holen in dieser Saison nur vier Mannschaften, eine Niederlage stecken die Energetiker zu Hause gleich gar nicht ein. Auswärts läuft zwar weiterhin nicht viel zusammen, da aber der einzige Auswärtssieg in der Hinrunde am 14. Oktober 1989 bei Schiebock mit einem 4:1 recht deutlich ausfällt, steht am Ende der Hinrunde kurz vor Weihnachten ein sechster Platz und damit die Qualifikation für den internationalen Wettbewerb zu Buche. Energie Cottbus wird den DDR-Fußball im Sommer 1990 in der Intertoto-Runde der UEFA vertreten, dem Vorläufer des UI-Cups.

Die Saison schließt Energie auf Platz sieben ab, erstmalig wird eine positive Punkteausbeute erreicht. Energie hat den zweithöchsten Zuschauerschnitt in der Oberliga, nur im Tal der Ahnungslosen rennen dem dortigen Polizeiverein noch mehr Leute die Bude ein. Die Saison 1989/90 steht jedoch nicht nur unter sportlichen Sternen, in der ganzen DDR gehen die Leute auf die Straße. Montagsdemonstrationen in Leipzig, zehntausende Flüchtlinge in den BRD-Botschaften zu Warschau, Prag und Budapest, Zusammenstöße zwischen Demonstranten und der Polizei rund um die Feierlichkeiten zum 40. Jahrestag der Gründung des Arbeiter- und Bauernstaates, Gorbi mit weisen Botschaften, Genscher auf dem Balkon in Prag, Erich Mielke liebt doch alle, Mauerfall in Berlin, Plünderungen in der Stasi-Zentrale, freie Wahlen. In Cottbus springen die Menschen erst in letzter Sekunde auf den Zug der Veränderung auf, gerade einmal zwei Montagsdemonstrationen ziehen durch die Stadt, dann ist der Drops auch schon wieder gelutscht. Pech für Energie, im Moment des größten sportlichen Erfolges geht das politische System den Bach runter.

[Exkurs] 14. Oktober 1989: BSG Energie Cottbus – BSG Fortschritt Bischofswerda

„Es begab sich aber zu der Zeit ... so könnte man anfangen, wenn man über das von den mit Abstand meisten Energie-Fans besuchte DDR-Oberliga-Auswärtsspiel berichtet." Thomas Grube hat es als 15-jähriger besucht: „ Am 7. Spieltag ging es zu Fortschritt Bischofswerda. Energie war hervorragend in die Saison gestartet und hatte mit zwei Siegen und drei Remis dank der damaligen 2-Punkt-Regel deutliche Tuchfühlung zur Tabellenspitze. Ganz Cottbus war im Fußball-Fieber und wöchentlich pilgerten weit mehr als 10.000 Fans zu den Heimspielen ins Stadion der Freundschaft. Dieser Fußball-Boom nahm zum Teil absurde Formen an. So hatte das staatliche Reisebüro der DDR bereits für den fünften Spieltag eine Zugfahrt inklusive Eintrittskarte für das Spiel in Eisenhüttenstadt angeboten. Das dürfte die erste offiziell organisierte Zugreise für Energie-Fans gewesen sein. Neu war diese ‚Reisefreiheit' natürlich auch für das Reisebüro selbst, das bei der Planung wohl noch nicht wusste, worauf es sich einließ. Denn der geneigte Fußballfan musste im Hauptbüro am Cottbuser Stadtring seine Bahn- und Eintrittskarte erwerben. Jeder gelernte DDR-Bürger kann sich ungefähr vorstellen, wie es in den schicken Räumlichkeiten zuging, die sonst eher gut betuchten DDR-Bürgern vorbehalten waren, die Flugreisen ans Schwarze Meer oder in die Sowjetunion buchten. Die Auswärtsfahrt in die Stahlstadt wurde ein voller Erfolg und man füllte den Gästeblock in der Sportanlage der Hüttenwerker mit circa 1.500 Energie-Fans. Gleich das nächste Auswärtsspiel in Bischofswerda bot Gelegenheit für einen neuen Sonderzug. Aus den Fehlern der Premiere klug geworden, organisierte dieses Mal nicht das Reisebüro sondern die FDJ-Reiseorganisation ‚Jugendtourist' die Fußballfahrt. Die Wartezeit im Büro in der Bahnhofstraße überbrückte man mit dem Studium des Angebots und staunte nicht schlecht, dass (theoretisch) Reisen in alle Welt bis hin zu USA-Reisen angeboten wurden. Praktisch sah das im Oktober 1989 natürlich anders aus (und im Oktober 1989 war man in Cottbus ganz, ganz, ganz! weit weg von so etwas wie einer Wende, Revolte oder überhaupt irgendetwas, das die Existenz der DDR in Frage stellen könnte). Man konzentrierte sich also aufs Naheliegende, buchte sein Ticket für das ‚Schiebock'-Spiel, erntete für die Nachfrage nach der USA-Reise ein müdes Lächeln und begann, sich auf die Auswärtstour zu freuen. Am 14. Oktober ging es recht zeitig am Cottbuser Bahnhof los, wo die Fans von freundlichen FDJlern zur ‚Fußballsonderfahrt' begrüßt wurden. Sie verteilten DDR-typische Verpflegungsbeutel mit Brötchen, Apfel, Dosenwurst inkl. Dosenöffner und Salamistück. Die Verpflegung hatte man auch nötig, weil der Sonderzug alle drei Minuten für eine halbe Ewigkeit hielt. So recht in den Fahrplan der Deutschen Reichsbahn eingetaktet war die Tour wohl nicht. Und so stand man hier und dort, ließ Güter-, D- und Bummelzüge passieren und brauchte geschlagene vier Stunden für die nicht mal 100 Bahnkilometer nach Bischofswerda. Die Ankunft war umso schöner. Die Stadt war fest in Cottbuser Hand. Zum Jugendtourist-Sonderzug hatten sich hunderte weitere Zugfahrer sowie unzählige Trabis, Wartburgs oder Ladas mit ‚Z'-Kennzeichen (der Anfangsbuchstabe im Kennzeichen aller im ehemaligen Bezirk Cottbus zugelassenen Fahrzeuge) von Lübben bis Hoyerswerda gesellt, um die Rot-Weißen in Sachsen zu unterstützen. Bischofswerda hatte als Oberliga-Wiederaufsteiger sein Stadion vor der Saison renoviert und bei dieser Renovierung das Augenmerk witzigerweise auf den Gästeblock gelegt. Nach dem Umbau präsentierte sich das Stadion also wie folgt: umlaufend drei bis fünf Stufen in schönster Dorfatmosphäre, die Gästekurve aber mit einer Europacup-tauglichen Stehtribüne. So lag dann die Teilung der gesamten Stadionkapazität in Sachen Heim-Gäste gefühlt bei sechzig zu vierzig.

Da der Gästeblock äußerst gut gefüllt war, ranken sich bis heute Spekulationen um die Zahl der anwesenden Energie-Fans. Nimmt man die Gesamtzuschauerzahl von 8.000, gehen Augenzeugen zum Teil von fast 4.000 Energie-Fans aus. Wenn man den spärlich besetzen Rest des kleinen Stadions vor Augen hat, könnte das sogar hinkommen, ich halte die Zahl trotzdem für etwas zu hoch gegriffen (auch wenn ich mich selbst, bei einem Bierchen in alten Geschichten schwelgend, gern auf diese Zahl berufe). Die kürzlich vernommene Schätzung von 2.000 Energie-Fans halte ich dagegen für zu niedrig, denn an diesem Samstag in Bischofswerda waren es eben nicht nur die ‚wilden Horden' auswärts reisender Fußballfans, sondern jede Menge Papis mit Kindern, Familien, zum Teil ganze Arbeitskollektive. Alle miteinander werden diesen Tag wohl nicht vergessen. Energie – damals vor allem in der Fremde der Punktelieferant schlechthin – siegte mit 4:1 und errang damit seinen höchsten Auswärtssieg in der Oberliga-Geschichte. Dazu muss man natürlich noch wissen, dass Energie in seiner gesamten DDR-Oberliga-Zeit überhaupt nur ganze acht Auswärtsspiele gewinnen konnte!"

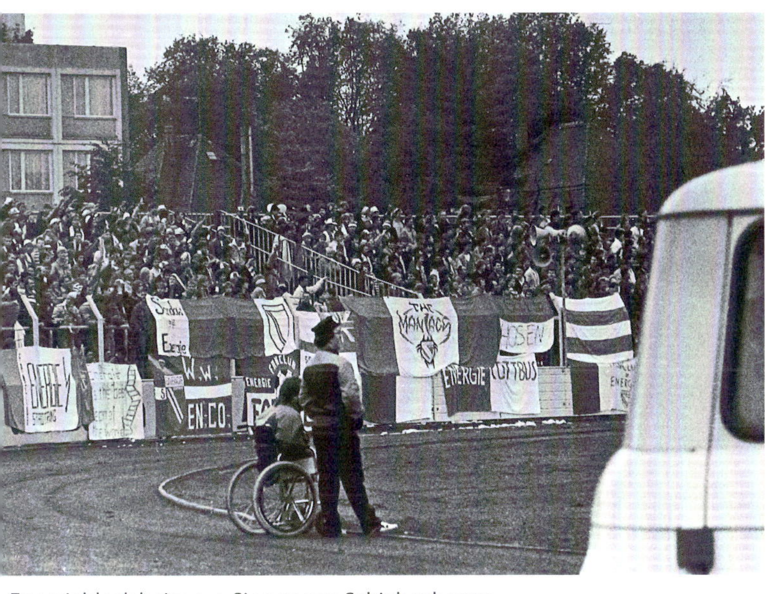

Energieblock beim 4:1-Sieg gegen Schiebock 1989.

Wendewirren – der Absturz in die Bedeutungslosigkeit

Saison 1990/91

„Alles neu macht der Mai", sagt ein deutsches Sprichwort. Die ersten freien Wahlen in der DDR fanden aber bereits im März 1990 statt. Das Resultat dieser Wahlen ist die Währungs-, Wirtschafts- und Sozialunion zum 1. Juli 1990. Ein gewisser Helmut Kohl verkündet zu diesem Anlass großspurig „blühende Landschaften", und dass es keinem schlechter gehen würde. Den Unterschied zwischen politischen Wahlversprechen und der Realität können die Menschen in der DDR noch gar nicht kennen. Sie merken jedoch schnell, dass harte Zeiten bevorstehen. Arbeitslosigkeit, entwertete Sparkonten, liquidierte Betriebe, rasant steigende Preise. Dabei wollen die Leute im Herbst des Vorjahres doch nur offen ihre Meinung sagen und ohne Probleme in den Westen reisen können. Jetzt sind viele gezwungen, sich aus ihrem Umfeld zu verabschieden und anderswo, zumeist westlich der Elbe, neu anzufangen. Die Eltern schnappen ihre Kinder, um am Samstag schnell nach Westberlin zu fahren und das Begrüßungsgeld abzustauben. Wahlweise werden auch Mutterns Freifahrtscheine der Deutschen Reichsbahn genutzt, um mit dem Zug gleich bis nach Hof zu fahren – was man nicht alles tut für beim zweiten Besuch nur noch 40 D-Mark. Dass der Junge lieber zum Fußball gehen will, spielt da keine Rolle. Den Vereinen bleiben die Zuschauer weg. Und nicht nur das: die Manager der Bundesliga kaufen im Osten die besten Spieler weg. Andreas Thom, Thomas Doll, Darius Wosz, Rainer Ernst, Torsten Gütschow, Ulf Kirsten – nur einige Beispiele. Energie bleibt davon verschont, Veränderungen gibt es aber trotzdem. Aus dem Deutschen Fußball Verband – dem ostdeutschen Pendant zum DFB – wird der NOFV, der nordostdeutsche Fußballverband. Aus der BSG Energie Cottbus wird zum 1. Juli 1990 der FC Energie Cottbus. Anderen Vereinen geht es ähnlich. Die Trägerbetriebe können sich die Mannschaften nicht mehr leisten. Schneller als gedacht werden sie mit marktwirtschaftlichen Gesetzmäßigkeiten konfrontiert. In Cottbus sollte das Geld jedoch kein Problem sein, so jedenfalls erinnert sich Klaus Stabach mehr als zwanzig Jahre später an eine Aussage des damaligen Sektionsleiters Hartmut Ohlig. Mit nahezu unverändertem Kader, einige ausländische Spieler wurden als Verstärkung präsentiert, geht der FC Energie Cottbus in die entscheidende Saison. An deren Ende nämlich werden die beiden besten Mannschaften in die Bundesliga aufsteigen, die folgenden vier Mannschaften in die 2. Liga. Die Plätze sieben bis zwölf ermitteln zusammen mit den beiden Siegern der DDR-Liga in zwei Viererstaffeln die letzten beiden Aufsteiger in die 2. Liga. Die Zeichen stehen also gut, Geld ist vorhanden, ein Vermarktungsvertrag mit der Schweizer Firma CWL wird abgeschlossen, die Spieler halten zum Verein. Der Start ist erfolgreich und nach vier Spielen steht Energie auf dem zweiten Platz, als am 15. September 1990 der Aufsteiger aus Frankfurt/Oder nach Cottbus kommt. Ein nicht mehr ganz kleiner Junge steht in den zwischenzeitlich gelichteten Reihen, nur noch 7.150 Besucher leisten sich die neue NOFV-Oberliga. Energie könnte mit einem Sieg Tabellenführer werden. In der Nordkurve zwischen Haupttribüne und Sprecherkabine muss der nicht mehr ganz kleine Junge mitansehen, wie die Gäste mit dem ersten Angriff in Führung gehen. Energie gelingt an diesem Tag nichts. Die Stimmung ist mies, die stolzgeschwellte Brust sucht man vergebens. Für einige Jahre verschwindet der Junge von den Traversen. Die Wendezeit mit all ihren Problemen erfasst auch seine Familie. Energie gewinnt noch ein einziges Spiel: Nicht einmal mehr fünfeinhalbtausend Besucher sehen einen 4:1-Sieg gegen Sachsen Leipzig (einer Fusion aus Chemie Leipzig und Chemie Böhlen) in Unterzahl, zwei Tage nach den Feierlichkeiten zur Wiedervereinigung. Die Reihen lichten sich erheblich, der Fußball macht durch andere Ereignisse Schlagzeilen. So muss der Bube reichlich erschrocken die Bilder vom Spiel Hansa Rostock gegen den FC Berlin (ex-BFC) im Fernsehen verfolgen. Randale! Negativer Höhepunkt der sich immer weiter drehenden Gewaltspirale ist der Tod von Mike Polley beim Spiel Sachsen Leipzig gegen den FC Berlin, der Hooligan wird im Bahnhof Leipzig-Leutzsch von einer Polizeikugel getroffen.

Energie Cottbus spielt in diesen Tagen nur sportlich eine Rolle, aber keine gute. Nach einer 3:1-Niederlage beim 1. FC Lokomotive Leipzig soll der Spieler Jörg Schwanke, der einzige Nationalspieler, den Energie jemals hervorbringt, als Sündenbock für fehlende Siege herhalten und suspendiert werden. Die Mannschaft ist dagegen, das Ende vom Lied ist die Entlassung von Erfolgstrainer Fritz Bohla. Die verfahrene Situation soll Timo Zahnleiter retten. Dem ehemaligen Assistenten von Karl-Heinz Feldkamp gelingt es jedoch nicht, die vielfältigen Probleme zu lösen, die auf die Spieler und den Verein einprasseln. Das Kraftwerk Jänschwalde, das für zumindest zwei Jahre finanzielle Unterstützung zugesagt hatte, kündigt zum Jahresende 1990 alle Verträge. Die meisten Spieler sind formell immer noch dort angestellt und nun mit einem Schlag arbeitslos. Existenzangst macht sich breit. Die für teilweise viel Geld vor der Saison neu verpflichteten Spieler schlagen nicht ein. Das beste Beispiel ist der Bulgare Petr Alexandrov. Während er vor seiner Zeit in Cottbus für Slavia Sofia sowie im belgischen Kortrijk und auch danach für den FC Aarau in der Schweiz de facto die gegnerischen Tornetze zerschießt, reicht es in der Lausitz zu gerade einmal zwei Ligatreffern. Letztendlich gelingt der Energie unter Zahnleiter kein einziger Sieg, über zwanzig Jahre lang soll der Westimport die rote Laterne des schlechtesten Energie-Trainers aller Zeiten behalten. Dafür fahren die Spieler mittlerweile in schönen, neuen Westautos durch die Stadt. Die Marktwirtschaft noch nicht verstehend, kauft Energie in der westdeutschen Partnerstadt Saarbrücken insgesamt 28 französische Karossen, und zum Dank fuhren die Spieler noch Werbung durch die Gegend. Nur Ingo Schneider tat dies nicht allzulange. Nach einem Diskoabend wickelt der alkoholisierte Spieler sein Auto um einen Baum in der Kurve am Freibad in der Sielower Landstraße. Schneider wird schwer verletzt, liegt im Koma und versaut sich mit dieser Geschichte seine Karriere. Ein vorbereiteter Wechsel zum FC St. Pauli scheitert. Die meisten anderen Spieler nutzen das Westauto zum Aufbessern der eigenen finanziellen Situation. Am Ende der Saison steigt Energie umstandslos ab. Beim letzten Spiel gegen Carl Zeiss Jena dürfen die knapp 3.000 verbliebenen Besucher miterleben, wie in der 89. Minute ein gewisser Heiko Weber das 2:0 für die Gäste schießt. Deren mitgereiste Fans bejubeln den unerwarteten direkten Aufstieg in die 2. Liga. Der Bube steht in der zweiten Hälfte hinter der Südkurve auf einer Treppe, schaut das Trauerspiel ohne Eintritt an und verabschiedet die guten Zeiten. Energie steht vor einem Scherbenhaufen. Klaus Stabach berichtet im Gespräch von 800.000 D-Mark Schulden, die der Club im ersten Halbjahr 1991 aufgebaut hat. Die meisten Spieler verlassen den Verein in Richtung jener Clubs, die den Sprung in den Profifußball des Westens geschafft haben. Jens Melzig geht an die Elbe zwischen Pirna und Meißen, Jörg Schwanke heuert beim VfL Bochum an, Detlef Irrgang bei Stahl Brandenburg. Energie verschwindet in der Versenkung der NOFV-Oberliga-Süd, Energie ist zum ersten Mal in seiner Geschichte drittklassig. Zuvor jedoch dürfen die Rot-Weißen noch einmal auf die internationale Bühne. Warum auch immer, vermutlich weil sich kein anderer Verein findet, startet Energie wieder im Intertoto-Cup, diesmal gegen Silkeborg FF, Hammarby IF und Dukla Banska Bystryca. Mit nur einem Sieg gegen den schwedischen Traditionsverein Hammarby IF wird der FCE letzter in seiner Gruppe, eben jenes Spiel am 6. Juli 1991 verfolgen gerade einmal 277 Leute im Stadion, das am geringsten besuchte Pflichtheimspiel von Energie Cottbus. Blühende Landschaften!

Im Jahr 1990 hatte die BSG Energie Cottbus ihren absoluten Höhepunkt in der DDR-Vereinsgeschichte. Mit Tabellenplatz sechs zur Halbserie in der damaligen Oberliga war der Verein erstmals in seiner Geschichte für einen internationalen Wettbewerb, den damaligen IFC-Cup, qualifiziert. Dieser Sommercup rangierte als unterster internationaler Wettbewerb. Die Sportfreunde Danilo Helbig, Mario Noack, Bernd Guhlke und der Autor schwelgen in Erinnerungen.

Die Gruppenauslosung bescherte unserer BSG als Gruppengegner Bohemians Prag, Malmö FF und den damaligen BRD-Pokalsieger 1. FC Kaiserslautern. Der Besuch der Auswärtsspiele war organisatorisch schon schwieriger zu bewerkstelligen als ein normales Oberliga-Auswärtsspiel. Darüber hinaus fand am 1. Juli 1990 der Währungstausch von DDR-Mark in D-Mark statt. Für die Einreise nach Schweden brauchte man als DDR-Bürger zudem ein Visum und die Fußball-WM in Italien war ja auch noch. Kommunikations- und Informationsmittel wie das Internet gab es noch nicht, selbst Festnetztelefone waren immer noch Mangelware!

Den Auftakt machte ein Heimspiel gegen Malmö FF. Am letzten Tag vor der Währungsunion kostete die Eintrittskarte ermäßigt mal eben vier Mark, es wurde eins zu eins umgerechnet. Während Muttern den kleinen Jungen sonst immer mit einer Ostmark ins Stadion geschickt hatte, musste sie an diesem Tag schweren Herzens gleich ein Fünfmarkstück rausrücken. Das Geld saß nicht locker, man wusste nicht, was am nächsten Tag passieren würde. Etwa 4.000 Zuschauer waren da, das Spiel ging 0:2 aus. Wirklich stimmungsvoll war das Geschehen aber nicht, und das, obwohl die Atmosphäre im Stadion der Freundschaft damals republikweit gefürchtet war. An Gästefans gibt es keine Erinnerung, es werden wohl, wenn überhaupt, nur wenige Schweden im tiefsten Ostdeutschland aufgeschlagen sein. Gleichzeitig war dieses Spiel das letzte der BSG Energie Cottbus, denn zum 1. Juli 1990 nannte sich der Verein in FC Energie Cottbus um. Vier Tage später ging es in die goldene Stadt zu den Bohemians Prag. In der DDR bekamen Lehrlinge, die wir zum großen Teil damals waren, nicht mal eben Urlaub, wie sie wollten. Und so gab es angesichts des Mittwochstermin bei einigen Reisewilligen lange Gesichter. Am Vorabend des Spiels machte sich eine fünfköpfige Reisegruppe mit der Deutschen Reichsbahn auf dem Weg nach Prag. Beim Zwischenstopp in Dresden musste im

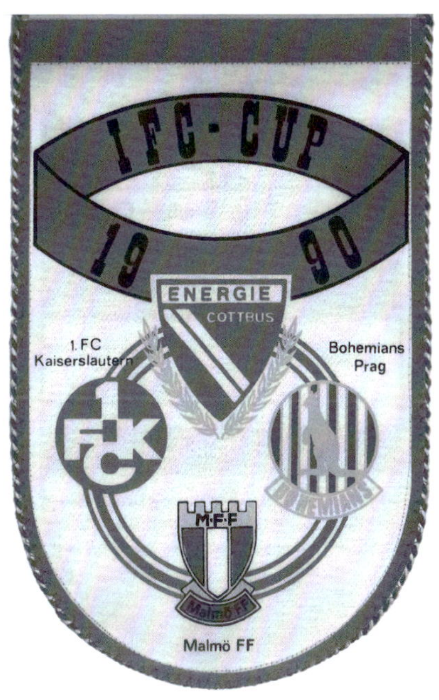

Die Gegner im IFC-Cup 1990.

damaligen Nobelhotel „Leningrad“ das Würzfleisch schon in Westmark bezahlt werden. Mit dem Nachtzug ging es weiter und zum Sonnenaufgang um vier Uhr morgens saßen die Herren bereits auf dem Wenzelsplatz. Unter ständiger Kontrolle der Police vernichtete man die mitgebrachten Biervorräte. Danach wollte man im empfohlenen Hotel nach Zimmern fragen, doch das war wegen Umbau geschlossen. Nach drei Stunden vergeblichen Hotelabklapperns ging es zur Zimmervermittlung. Für zehn Westmark pro Nase gab es eine Unterkunft, und was für eine: mit der Metro bis zur Endstation, von dort eine halbe Stunde mit dem Bus in eine Trabantenstadt. Man bezog Zimmer in einem architektonisch einzigartigen Plattenbauhotel. Zurück in die Innenstadt zum Stadion – dem falschen, wie sich herausstellte. Eine junge tschechische Dame brachte die desorientierte Reisegruppe freundlicherweise mit der Tram zum richtigen Sportplatz. Dort nahmen insgesamt neun Cottbuser, darunter Mario Noack und der Reporter Wolfgang von der Burg von der Lausitzer Rundschau für drei Westmark auf der Haupttribüne Platz. Insgesamt waren nicht mehr als 1.000 Besucher vor Ort. An das Spiel selbst gibt es keine Erinnerungen. Aber wir haben gewonnen! Nach dem Kick sahen die fünf zu, dass sie zurück in ihre Trabantenstadt kamen zum WM-TV-Abend „Deutschland gegen England“. Im sogenannten Fernsehraum des Hotels stand ein Uralt-TV-Gerät mit Zimmerantenne. Ein gewisser Sportfreund entpuppte sich als Störfaktor. Sobald er nämlich saß, wurde das Bild schwarz-weiß. So gab es nur zu den Schlüsselszenen und dem Elfmeterschießen farbige Bilder. Mit billigem Tschechen-Sekt wurde der Finaleinzug gefeiert.

Das nächste Spiel war ein absoluter Höhepunkt: das erste Spiel im Westen, das jeder frei besuchen konnte. Aber der Spieltermin: ausgerechnet der Tag des WM-Finales in Rom! Das „Reisebüro der

DDR, Zweigstelle Cottbus“ bot eine Kurzfahrt für 139 DDR-Mark nach Kaiserslautern an, in einem West-Reisebus des Spremberger Busunternehmens Wieland. Abends um 23 Uhr ging es im vollbesetzten Bus los, um am Sonntagmorgen viel zu früh in Neustadt an der Weinstraße einzutreffen. Aus dem geplanten Einkaufsbummel wurde am Sonntag um sechs Uhr morgens nur ein Spaziergang, dann zum Mittagessen in ein Restaurant. Das Essen war nicht ganz im Reisepreis inklusive, was nicht alle wussten oder wissen wollten. Es gab mächtig Ärger wegen nichtbezahlter Suppen und Getränke. Die Übeltäter ließen sich aber nicht ermitteln. Nach der Zechprellerei ging es zum bestens präparierten Dorfsportplatz in Offenbach an der Weinstraße. Dorthin hatte der 1. FCK das Spiel vergeben. Neben der Busbesatzung war noch der Fanclub „Cottbuser Bier“ mit Wohnmobilen angereist. Unsere Jungs erkämpften in grünen Trikots vor 2.000 Besuchern ein Unentschieden. In der FCK-Mannschaft spielte erstmals deren Ost-Neuzugang Rainer Ernst vom Stasi-BFC Dynamo mit. „Stolper-Ernst“, wie er in den Stadien der DDR vom gegnerischen Publikum immer wenig liebevoll genannt wurde, wurde das gesamte Spiel über von uns aufs Übelste beschimpft. Und zwar so sehr, dass ihn der FCK zum Rückspiel nach Cottbus erst gar nicht mitbrachte. Die einheimischen Spielbesucher wussten von nichts und erkundigten sich bei uns, was es denn mit Rainer Ernst, Schiebermeister-BFC und Stasi überhaupt so auf sich hatte. Die Atmosphäre auf den Rängen war sehr freundschaftlich. Nach dem Abpfiff wurden auf dem Rasen noch Erinnerungsfotos geschossen.

Für den Bus ging es zurück, und alle wollten das WM-Finale irgendwo sehen, nur die beiden Busfahrer nicht. Die wollten durch- und nach Hause fahren. Unter den Busreisenden kam es zur Revolte und zur Androhung massiver Gewalt. Die Fahrer lenkten schließlich auf einen Rastplatz ein. Im dortigen Fernsehraum hatte sich neben unserer Gruppe noch eine westdeutsche Schulklasse eingefunden, die sich einen Spaß daraus machte, nicht für Deutschland zu sein um uns zu provozieren. Der Klassenlehrer erkannte die Situation rechtzeitig und zog die Schüler zur Halbzeit aus dem Verkehr, sahen doch etliche Cottbuser nicht unbedingt danach aus, den drohenden Konflikt verbal klären zu wollen. Nach dem WM-Sieg fuhren wir feiernd zurück nach Cottbus. Dort am Montagmorgen angekommen, marschierten einige direkt in die Kneipe. Damals waren um diese Uhrzeit tatsächlich noch welche geöffnet…

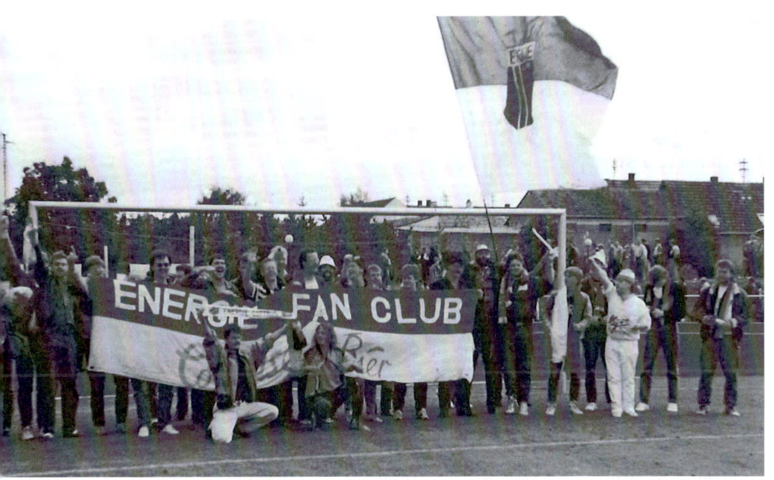

Energiefans bei IFC-Cup-Spiel in Offenbach an der Weinstraße gegen den 1. FC Kaiserslautern.

Ein letztes Highlight hatte der Spielplan noch parat. 30 Ostmark kostete uns DDR-Bürger das Einreisevisum nach Schweden. Dafür hatten wir den Zug frühzeitig gebucht und noch in Ostmark bezahlt. Vor der Abfahrt des Nacht-Express' der Deutschen Reichsbahn von Berlin-Lichtenberg besorgten sich alle ihren Proviant. Danilo Helbig kaufte in West-Berlin bei Aldi Hansa-Pils für nur 28 Pfennig die Dose. Sensation dieser Preis! Dazu aß er bei einem Türken dieses weiche Brot mit Fleisch vom Spieß, Kraut und Soße. Lecker! An Bord des Zuges waren noch elf oder zwölf andere Energie-Fans. Auf der Fähre nach Schweden traf man noch vier volltrunkene Kollegen vom Fanclub Drebkau. Diese waren mit ihren RAW-Mitarbeiter-Freifahrtscheinen (RAW – Reichsbahnausbesserungswerk) im regulären D-Zug nach Saßnitz gefahren und hatten vor Ort ein Fährticket erstanden, nun hatten sie die berechtigte Sorge, dass sie ihre reichlichen Getränkevorräte nicht durch die Zollkontrolle bringen würden – und hatten sie vorsorglich ausgetrunken. Malmö erreichten wir bei schönstem Sonnenschein am Vormittag und verbrachten die Zeit mit Stadtbesichtigung, Erkundung der Bierpreise und Karussell fahren. Mittlerweile hatten wir in Erfahrung gebracht, dass das Spiel im Vorort Arlöv stattfinden sollte. Mit dem Linienbus ging es zu diesem Dorfplatz. Nach und nach trudelten alle ein. Treff war eine Wiese direkt neben dem Platz. Da alle ziemlich kaputt waren, ruhten wir dort bis zum Anpfiff. Während des Spiels wurde am Spielfeldrand weiter geruht. Support gab es keinen, dafür fünf Ge-

gentore vor vielleicht dreihundert Besuchern. Von der Rückfahrt blieb nur der erstmalige und reichliche Konsum von Faxe in diesen großen Dosen in Erinnerung. Am Ende belegte unsere BSG in der Gruppentabelle Platz 3. Aber mit einem sensationellen 4:0-Heimsieg über Kaiserslautern! Ob es tatsächlich am fehlenden „Stasi-Schwein“ lag? Im weiterhin von Fritz Bohla trainierten Cottbuser Kader standen unter anderem die Vokuhila- und Schnauzbartträger Pet Sander, Detlef Irrgang und Jens Melzig.

Und dieser 4:0-Sieg war sogar der SpVgg Fürth auf ihrer Homepage im Jahre 2013 eine Erwähnung wert, als unsere heilige BSG als Gegner der Zweitligaprofis vorgestellt wurde: „Am 11. Juli 1990 konnte in diesem Wettbewerb als größter internationaler Erfolg der spätere deutsche Meister 1. FC Kaiserslautern mit 4:0 bezwungen werden.“ Die Tore vor fast 5.000 Zuschauern schossen damals Olaf Besser, Frank Lehmann, Jens Melzig und Jörg Schwanke. Insgesamt war diese Intertoto-Fußball-Cup-Runde aber eher von der politischen Wende geprägt, viele Leute hatten einfach andere Sorgen, als am Wochenende für nunmehr zehn Westmark ins Stadion zu gehen. Die ersten Westmark wurden eben ausgegeben, um einen neuen Westwagen anzuschaffen, die Plattenläden im Westen leerzukaufen und die neueste Jeans zu erwerben, nicht zu vergessen den Walkman. Die ersten DDR-Betriebe wurden liquidiert, die Mieten explodierten, Eltern ließen sich scheiden. Da war die Kohle für Fußball knapp. Für schöne Erinnerungen aus dieser Zeit sorgten aber die Ausflüge aus dem Sommer 1990 – bevor es mit dem Verein vorerst sang- und klanglos nach unten ging.

„Cottbuser Bier! Trinkste eens, schiffste vier!“ – Die Fanclubs

Stell Dir vor, Du hast einen Verein. Der wird mal eben auf Anweisung von oben umgesiedelt. In der neuen Stadt gibt es bereits eine Mannschaft, welche in der gleichen Liga antritt – die ASG Vorwärts Cottbus. Nach Osten haste die Oder-Neiße-Friedensgrenze. Nach Norden kommste recht schnell an ein Stahlwerk, welches ebenfalls ein paar Fußballer auf der Gehaltsliste stehen hat – die BSG Stahl Eisenhüttenstadt. Noch ein paar Kilometer weiter nördlich findste mit einem aus der Hauptstadt exportierten Armeeverein auch noch eine immer mal wieder international aufspielende Truppe – den FC Vorwärts Frankfurt/Oder. In Richtung Nordwesten kommt recht schnell das Einzugsgebiet der Hauptstadt mit den Mannschaften BFC Dynamo und 1. FC Union Berlin. In Richtung Südwesten brauchste gar nicht erst schauen, dort sind die Fußballfreunde aus dem Senftenberger und Briesker Umland verständlicherweise sauer und marschieren reihenweise ins Tal der Ahnungslosen. Gen Süden haste dann einen Traditionsverein, welcher zu den beiden letzten Truppen in einer anderen olympischen Sportart gehört. Damit die DDR im Eishockey an Olympia teilnehmen darf, ist eine eigene Liga notwendig – Dynamo Berlin und die SG Dynamo Weißwasser spielen die Meisterschaft unter sich aus. In und um Weißwasser rennen die Leute in Scharen in das Freiluftstadion (das erst kürzlich dem Neubau einer Eishalle weichen musste). In dieser Gemengelage ist es für einen neuen Verein sehr schwierig, neue Zuschauer zu rekrutieren, zumal, wenn die öffentlich propagierten Ziele in den ersten Jahren immer und immer wieder verfehlt werden. Daher kann sich Energie Cottbus letztlich nur auf ein sehr kleines Einzugsgebiet beschränken. Zwischen Forst und Guben, zwischen Spremberg und Calau, zwischen Finsterwalde und Lübbenau, ein Umkreis von zwanzig bis dreißig Kilometern rund um Cottbus ist das Stammgebiet der Zuschauer des besten Vereins der Welt. Mit steigendem Zuzug in die Region aufgrund der Braunkohletagebaue steigen zwar auch die Zuschauerzahlen, der Einzugskreis vergrößert sich aber bis zum Fall der Mauer nicht signifikant. Im Jahr 1990 mit der politischen Wende leben in Cottbus etwa 130.000 Personen, 25 Jahre später leben trotz etwa 20.000 eingemeindeter Menschen keine 100.000 mehr in der Perle der Lausitz. In der kompletten Region ist etwa ein Drittel aller Menschen abgewandert – kein Vergleich zu Städten wie Leipzig, Dresden, Rostock oder Magdeburg. Dazu kommt eine typische Lausitzer Mentalität. „Nicht gemeckert ist genug gelobt“, und man hat es auch lieber bequem. Nur zu den Spielen, in denen es für die Mannschaft wirklich um etwas ging, rannten die Leute dem Verein immer die Bude ein. Seien dies die Spiele in der ersten Aufstiegsrunde 1973 mit 12.000 Leuten oder die Heimspiele in den Jahren vor der politischen Wende. Oder die glorreichen Spiele im Frühjahr 1997 gegen Karlsruhe und Hannover, als Gerüchten zufolge sogar eine deutlich größere als die angegebene Zahl von Besuchern im Stadion weilte. Schließlich konnten die Tickets – noch ohne Hologramm – auch ganz einfach farbkopiert werden. Seien es die Spiele, in denen jeweils der Aufstieg in die erste Liga geschafft wurde oder auch das Spiel in der Relegation 2009 gegen Nürnberg: Die Zuschauerränge waren voll, während es in den Wochen davor kaum einmal auch nur annähernd ausverkaufte Ränge gab. Nicht mal das erste Heimspiel in der 1. Bundesliga gegen Dortmund im August 2000 war ausverkauft!

In dieser Gemengelage entwickelt sich ab Mitte der 1970er Jahre eine Fanszene. Um 1976 herum der Jugendclub Energie – eine Fanclubgründung wurde seitens des Vereins nicht erlaubt. Er erhält Räumlichkeiten dort, wo sich heute das Energie-Eck befindet, zerfällt allerdings schnell wieder, unter anderem weil eins der vier Gründungsmitglieder zur Armee eingezogen wird. Als der kleine Volker Grimm Mitte der 1970er Jahre die ersten Heimspiele in der Kurve sieht, wo sich heute der Block U1 befindet, lernt er dort einige ältere regelmäßige Auswärtsfahrer kennen. Organisiert war damals aber noch nichts. Zu Volkers erstem Auswärtsspiel 1976 in Schiebock sind die

Hellmuth Hamann weiß aus Erfahrung: „Das Cottbuser Publikum kannste einfach nicht verstehen. Selbst gegen Bayern ist das Stadion nicht voll, gegen Dortmund damals im ersten Bundesligaheimspiel kriegste noch 1.000 Karten. Das kannste keinem erklären. Das liegt aber am Cottbuser selbst, denn aus dem Umland kommen die Leute.“ Noch heute kann man davon ausgehen, dass die Hälfte der Besucher eines Energie-Heimspiels nicht aus der Stadt selbst kommt, auch wenn die Erfolge nach der politischen Wende durchaus Wirkung gezeigt haben und der Einzugsbereich sich bis in den Raum Großräschen, Senftenberg und im Norden bis hin nach Eisenhüttenstadt oder Frankfurt/Oder erweitert hat. Selbst im nördlichen Sachsen in Richtung Oberlausitz hat Energie Anhänger.

Energiefans zu viert. Einer davon ist Ramiro L., der auch schon beim ersten Gründungsversuch des Jugendclub Energie dabei war. Heute sorgt Ramiro als rechte Hand des Chefs der vom Verein als Sicherheitsdienst beauftragten Firma bei den Heimspielen im Stadion für Sicherheit. Grimm wiederum gründet mit weiteren Fans den ersten wirklichen Energiefanclub, der kurzerhand nach der berüchtigten einheimischen Plürre benannt wird. Das Cottbuser Bier ist geschmacklich in der untersten Schublade einzuordnen, es flockt schnell und es dauert nicht lange, bis der Ausspruch „Cottbuser Bier, trinkste eens, schiffste vier!" geprägt ist. Dem Fanclub gehören etwa zehn Mitglieder an, es gibt jedoch keine geführten Listen. Irgendwie gehört man eben dazu oder auch nicht. Relativ schnell nach den „Bieren" erscheint mit dem Fanclub Drebkau (etwa sechs, sieben Leute aus der Kleinstadt südwestlich von Cottbus) ein weiterer Fanclub auf der Bildfläche. Biere und Drebkau gehen auf Tour quer durch die Republik. 1984 gründet sich in der Kleinstadt Vetschau der Fanclub Preussen Front Vetschau 1984. Damit bekommen die Union-Brandys Konkurrenz in ihrer Kleinstadt, ausgerechnet nach einem 4:1-Sieg von Energie gegen „Union, Union, Sowjet-Union!" Der Verein tut sich recht schwer

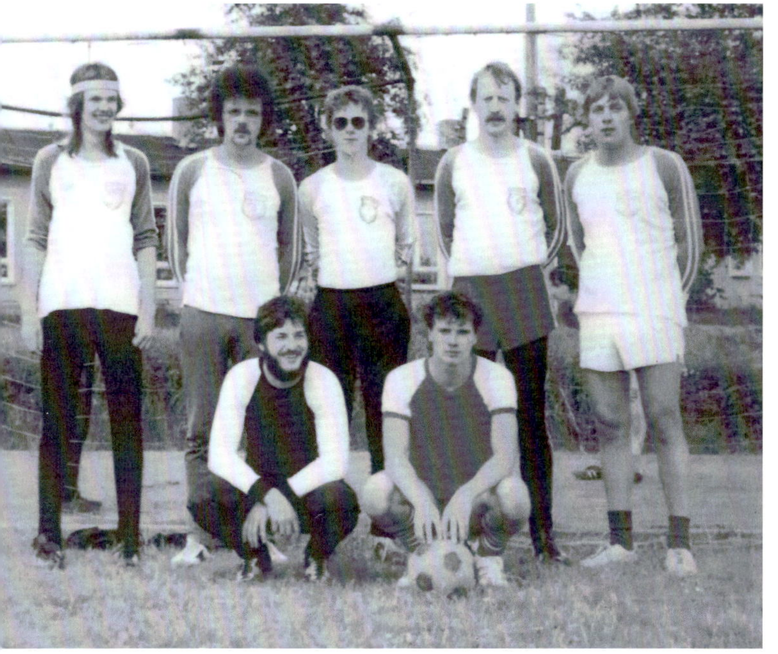

Cottbuser Bier 1982 als Turniersieger in Dessau beim FCM-Fanclub Blaue Engel.

mit der neu aufkommenden Strukturierung seiner Anhängerschaft, es gibt Ängste allein wegen der Bezeichnung „Fanclub“: man befürchtet subversive, westliche Verhaltensweisen und versucht daher, die Fanclubs zu kontrollieren. Es werden Vergünstigungen und dergleichen gegen Kooperation angeboten, und immer wieder werden Namenslisten eingefordert. Die bekommt der Verein aber nicht. Noch schlimmer wird es, als ausgerechnet der Sohn des Vereinsfunktionärs Horst Schudack an der Gründung des Fanclubs Power Station im Jahr 1986 beteiligt ist. Der hat auch noch einen englischen Namen! Auswärts begleiten Anfang der 1980er Jahre zumeist nur etwa zwanzig bis dreißig Leute von Cottbuser Bier, Drebkau, später dann von den Fanclubs Eulo Forst, Obelix Spremberg, Welzow und Vetschau sowie einige Einzelpersonen die Mannschaft. Power Station zeigt sich eher bei den Heimspielen. So entsteht schließlich zwischen Vereinsfunktionären, Spielern, Trainern und Fans ein sehr familiäres Verhältnis, man fährt dann auch mal mit dem Präsident nach Hause, der hat immerhin einen Wartburg. Als kleine Szene gab es dann so einiges zu erleben.

Volker Grimm:
„Wir sind mal nach Stralsund gefahren, Energie hat im Pokal bei Vorwärts Stralsund gespielt, das war im Herbst 1981. Wie üblich schon am Abend vorher los und in Berlin noch ein Töppchen gemacht. Mit dem 23-Uhr-Zug ging es dann an die Küste. Wir waren fünfzehn Mann und haben natürlich Party gefeiert, das hat den anderen Reisenden nicht so gefallen, die wollten halt ihre Ruhe haben und schlafen. Als wir dann früh so um 6.00 Uhr in Stralsund angekommen sind, stand die Trapo da und hat alle, die sie für Energiefans hielt, einkassiert. Mich hatten sie erst gar nicht, ich bin einfach so lang und merke dann nur, dass sie 'nen Kumpel haben und habe dann halt nachgefragt, was denn los ist. Da haben sie mich gleich auch noch mitgenommen. Erst mal schön in eine Zelle, das hat uns gar nicht gestört, da konnten wir unseren Rausch ausschlafen. Gegen Mittag wollten wir dann aber zum Spiel, und da haben uns die Trapos gesagt, dass wir nicht hin dürfen. Wir blieben bis nach dem Spiel in der Zelle, die haben uns wegen allgemeiner Belästigung eingeknastet. Wenn man heute Videos von der Fahrt hätte, könnte man dies vermutlich sogar nachvollziehen. Am Ende hat Energie 12:11 nach Elfmeterschießen gewonnen, der dicke Andy Wendt hat den Elfer vom Stralsunder Torhüter gehalten und seinen

dann selbst verwandelt. Da standen wir also nach dem Spiel auf dem Bahnhof und wurden gefragt, wie das Spiel ausgegangen ist. Wir konnten nur mit den Schultern zucken. Von fünfzehn Leuten haben drei das Spiel gesehen, eine gute Quote! Und dann fuhren wir eben wieder nach Hause.

Ein anderes Highlight war ein Auswärtsspiel in der Liga bei der SG Sosa. Wir waren gerade abgestiegen oder in der Aufstiegsrunde gescheitert und Sosa aufgestiegen. Sosa war damals ein kleines Dorf, 1.600 Einwohner, irgendwo im Erzgebirge. Wir sind am Samstag noch zu fünft zu Aue gegen Erfurt gefahren und dann weiter. Die letzten drei Kilometer ins Dorf mussten wir laufen und haben erst einmal auf einer Anhöhe am Wald oberhalb des Sportplatzes unser Vier-Mann-Zelt aufgestellt. Dann sind wir ins Dorf in die Kneipe, den ganzen Abend hatten wir richtig viel Spaß. Als der Kneipier dann zumachen wollte, wollten wir noch Flaschenbier, das hatte er aber nicht. Nur noch eine Kiste mit leeren Bügelflaschen im Keller. Also zapfte er noch eine Kiste Fassbier in Bügelflaschen, die wir dann mit zum Zelt genommen haben. Am nächsten Tag kommt der Mannschaftsbus an und das Zelt am Waldrand fällt auf. Stabach war damals Mannschaftsleiter und bietet uns an, nach dem Spiel im Bus mitzufahren. Wir wollten aber noch eine Nacht bleiben. Das Spiel, es war der erste Spieltag, geht 0:0 aus. 2.500 Zuschauer, Volksfest, die leeren Bügelflaschen haben wir brav wieder zurück gebracht."

Die sportlichen Erfolge zum Ende der 1980er Jahre bringen weitere Fanclubs auf die Bildfläche. Sie entstehen im Stadtteil Schmellwitz und im WK 5, der heutigen Spremberger Vorstadt. Ebenso tauchen auf einmal die Red Devils aus Sandow und die langhaarigen Metaller von den Maniacs auf. Aus letzteren wird dann in der Wendezeit der Fanclub ZSKA (Zum Saufen kommen alle). Am 5. November 1988 verliert Energie bei Sachsenring Zwickau 3:1, wieder sind nur wenige Fans mitgereist.

Bernd Guhlke war dabei:

„Nach dem Spiel sollten wir warten, bis wir von der Polizei auf so einem Kastenwagen zum Bahnhof gefahren würden. In der Zeit klauten einige Zwickauer uns schon eine Fahne. Die schauten einfach, wer die in seinen Stoffbeutel packte und dann wurdest Du einfach angerempelt und weg war das Ding. Am Ende mussten wir doch laufen, unter Polizeibegleitung zum Bahnhof, und die, die uns die Fahne geklaut hatten, trabten nebenher. Da waren wir natürlich auf 180 und haben getobt. Am Bahnhof, wo die Zwickauer schon warteten, hat uns die Polizei uns selbst überlassen. Da gab es richtig eine gewamst. Ich bin aber irgendwie zur Seite weg, weil ich auf meinen 18. Geburtstag noch einen ausgeben wollte und das Bier im Schließfach gelagert hatte. Dann bin ich zum Zug, wo die Energie-Ordner gewartet haben. Die fragten, wo der Rest bliebe, und ich musste denen sagen, dass die noch ein wenig aufgehalten wurden. Letztlich kamen alle mit. Auf einem Gleis fuhr der Bummelzug nach Leipzig, da saßen die Zwickauer drin, auf dem anderen Gleis der D-Zug auch nach Leipzig, da saßen wir drin. Und dann wedelten die Sachsen und wir jeder aus dem Fenster mit den gezogenen Sachen. War ja eh alles rot-weiß. Auf der Rückfahrt haben wir ordentlich einen gehoben und im Suff gedacht, ach gründen wir einen Fanclub. So entstand dann der Fanclub Forever.

Zum ersten Auswärtsspiel nach der Winterpause in Jena haben wir eine Fahne genäht. In Jena haben wir uns dann zu viert von den anderen getrennt. Wir hatten ja schließlich schon Erfahrung von fünf Auswärtsspielen und da war nichts passiert. Also wollten wir noch was essen gehen. Irgendwo in der Gegend von diesem Uni-Turm stehen die Jenenser vor einer Kneipe. Wir einfach so da lang. Jena schneidet uns in mehreren Gruppen den Weg ab. Die üblichen Fragen, wo kommt ihr her, was macht ihr hier. Und dann fummeln die am Rucksack herum. Als sie das rot-weiß sehen, geht es los. Einer kriegt 'nen Nasenbeinbruch ab und ich verschwinde mit dem Rucksack. Rein in eine Bahn, doch die fährt nicht los. Da kommen drei, vier von denen in die Bahn und los geht's – solange, bis sie den Rucksack haben. Meine Brille bekomme ich von einer Oma zerbrochen und nur noch mit einem Glas zurück. Im Stadion treffe ich wieder die anderen. Die Jenenser bringen uns noch einen Schließfachschlüssel. Dort finden wir den Rucksack wieder, mit Fotoapparat und allen anderen Sachen, aber ohne Fahne. Auf dem Film waren noch Bilder von uns mit der Fahne. Im Nachbarhaus wohnte damals einer von der Polente, der meinte, wir sollen eine Anzeige machen. Mit der haben wir dann bei der Staatsversicherung, heute Allianz, sogar alles ersetzt bekommen! Wir durften die gleichen Stoffe noch einmal kaufen, die Nähstunden der Oma haben 2,90 DDR-Mark pro Stunde gebracht. Zwei Wochen später nach Akkordarbeit hing eine identische Fahne beim Heimspiel und wir konnten noch schön essen gehen! Das nächste Auswärtsspiel sind wir dann ohne Fahne gefahren. Generell war es so, dass wir immer nur sehr wenige waren und nur selten unsere Sachen offen getragen haben."

Einer weiteren Entwicklung der Fanszene kommt zunächst die politische Wende mit all ihren Konsequenzen in die Quere. Sie zerfällt in ihre Einzelteile. Dem Energiefanclub Cottbuser Bier widmet die Lausitzer Rundschau im Februar 2000 trotzdem einen eigenen Glückwunschartikel zum zwanzigjährigen Jubiläum.

Blühende Landschaften – Drittklassigkeit

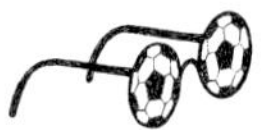

Saison 1991/92

Es ist Sommer 1991. Vom Verein ist im Grunde genommen wenig übrig geblieben. Noch nicht einmal Interesse bei Sponsoren gibt es zu verzeichnen. Die beiden ersten Präsidenten nach der Umbenennung kommen ohne finanzielle Schätze daher. Herr Wagner aus Hamburg zeichnet zwar für den Neubau eines Einkaufszentrums im Norden der Stadt verantwortlich, ein außerdem geplanter, riesiger Freizeitpark bleibt jedoch reine Fantasie auf dem Papier. Mit Herrn Birke aus dem schwäbischen Leonberg sieht es nicht anders aus. Klaus Stabach, der von Hartmut Ohlig die Geschicke des Geschäftsführers übernimmt, sagt später dazu: „Die hatten kein Geld zu verschenken. Wir hatten hier in Cottbus freie Hand, was wir wann und wie machen. Die haben halt gesagt, Hauptsache, Ihr könnt das bezahlen. Dieter (Krein, damals Vizepräsident) zauberte dann immer irgendwo ein paar Schecks aus dem Ärmel, aber die gab es immer erst zu Weihnachten, damit wir unsere Rechnungen bezahlen konnten. Die Sparkasse hat uns natürlich auch im Nacken gesessen wegen den 800.000 Mark. Die haben wir dann tatsächlich erst 1997 bezahlt." Der eine oder andere besagter Schecks dürfte von einem Mitglied des EnergieClub 90 stammen. Dieser hatte in Anbetracht der veränderten politischen Situation sehr schnell die Zeichen der Zeit erkannt und sich als Sponsorenverein gegründet. Angeblich ging die Initiative von keinem geringeren aus als von Klaus Stabach selbst. Mitglieder der ersten Stunde sind unter anderen Ernst Schlodder, dessen Frau noch heute für Essen und Getränke im Stadion verantwortlich ist, und Hartmut Jende, ein regional bekannter und beliebter Fleischermeister, der später im Angesicht des Erfolges eine eigene Energie-Salami kreierte.

> Die Energie-Salami bekommt später von den Fans einen eigenen Song, welcher vor allem in bierseligen Stunden auf der Fahrt zum Auswärtsspiel gern gesungen wird. „Wenn ich Tiere esse, kommt mir die Wurst! Energie Wurst!"

Von der Hand in den Mund lebend, mit Hans-Jürgen Stenzel als Trainer, geht es also in die NOFV-Oberliga, Staffel Mitte. Aus der ehemaligen DDR werden die nach Abzug der Erst- und Zweitligisten besten Mannschaften in drei Staffeln eingeteilt, die drei Staffelsieger spielen am Ende der Saison den Aufsteiger aus. Energie Cottbus ist somit im Amateurfußball angekommen, die Spieler dürfen nebenher arbeiten, studieren oder wie auch immer ihren

Lebensunterhalt bestreiten. Von Energie können nicht mehr viele Leute direkt leben. Neben Klaus Stabach gibt es nur noch Gerda Wolfram aus der Geschäftsstelle. Dafür kommen jetzt jede Menge Mannschaften in den Genuss, gegen Energie antreten zu dürfen, von deren Existenz der gemeine Fan vor dieser Saison noch nicht mal etwas gewusst hatte. Dazu zählen unter anderem der Frohnauer SC, der 1. FC Lübars, FV Wannsee und Marathon 02 Berlin. Attraktive Gegner finden sich dagegen selten auf der Spielfläche ein, lediglich Union Berlin, der 1. FC Magdeburg und anfangs der Hallesche FC taugen für einen stilvollen Fußballvergleich. Zudem lockt der von Türken gegründete Berliner Verein Türkiyemspor den einen oder anderen ungebetenen Gast hinter dem Ofen hervor und es gibt hier und da Trouble rund um das Gastspiel von Türkiyemspor in Cottbus. Die Gäste(fans) fühlen sich von einheimischen Besuchern unsportlich behandelt, auf Cottbuser Seite wird nach dem Spiel gemault, dass die Kabine nach dem Spiel auch schon ordentlicher verlassen worden sei.

Danilo Helbig: „Größeres, leider politisch motiviertes Krawallinteresse gab es bei den Begegnungen mit türkischen Vereinen und gegen Brieske. Ich erinnere mich, dass bei einem Spiel in Senftenberg kurz nach Spielbeginn sogar ein Transporthubschrauber auf dem Nebenplatz landete und zwei Dutzend Polizisten rausstürmten. Nur wenige Minuten später lief dann ein Mob des antifaschistischen Widerstands ins Stadion ein. Die Staatsmacht, später auch zu Lande verstärkt, verhinderte eine Auseinandersetzung mit den vielleicht 100 Energie-Fans. Bei unserem ersten Aufeinandertreffen mit Türkiyemspor schauten wir in ein geöffnetes Klappmesser. Bei den Spielen in Cottbus waren dann aber auch immer zahlreiche Krawallnazis im Stadion und es kam dank der überforderten Polizei auch meist zu Auseinandersetzungen. Traurig aber wahr!“

Die fehlende Attraktivität der Liga merkt auch der Kassenwart, selten einmal verzeichnet er mehr als 1.000 Besucher im Stadion der Freundschaft, selbst die einstigen Rivalen Union und Magdeburg locken nicht mal 1.500 Leute an die Spree.

Ein Junge mitten in der Pubertät findet immer am Montag nach der Schule die neuesten Resultate in der regionalen Zeitung. Zu mehr reicht es angesichts der Familiensituation nicht. Muttern geht Schichten arbeiten, damit die beiden Kinder über die Runden kommen. Der größere der beiden Söhne ist neben der Schule anderweitig beschäftigt, nur ab und an reicht es noch für eine Halbzeit auf der Treppe hinter der Südkurve. Dort versammeln sich die

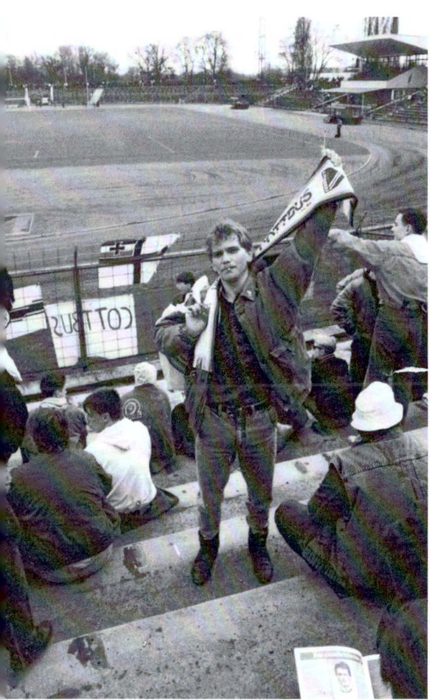

1990/91 in Frankfurt/O.: Typischer Auswärtsblock der Nachwendezeit, rechte Fahnen am Zaun.

immer gleichen Menschen, welche bei Billigbier das Spiel in der ersten Halbzeit kostenlos verfolgen und darauf hoffen, dass der Verein zur zweiten Halbzeit die Tore öffnet, ohne Eintritt zu verlangen. Von den regulären Besuchern werden diese Leute eher abfällig als Fanclub Tangente geschmäht – so wird der am Stadion vorbeiführende Stadtring im Volksmund genannt. Das auf dem Feld gebotene Schauspiel ist meist recht dürftig, für Energie reicht es nicht zum Spitzenplatz, gleichwohl die genannten, unbekannten Gegner keine Gradmesser sind. Da es jedoch vor allem auswärts gegen Union, Stendal und Magdeburg regelmäßig Klatschen gibt, werden Parallelen zum Beginn der Vereinsgeschichte deutlich. Erschreckende Parallelen, denn auch Marathon 02 Berlin nimmt Energie beide Punkte ab! Am Ende der Saison 1991/92 steht ein bedeutungsloser dritter Platz zu Buche, den Abgesang macht das Spiel beim BSV Spindlersfeld. 39 Zuschauer wollen insgesamt das letzte Saisonspiel noch sehen, eine Handvoll Energiefans erlebt einen schmucklosen 2:1-Auswärtssieg unter einem neuen Trainer, Ulrich Nikolinski. Blühende Landschaften!

Saison 1992/93

Danilo Helbig: „Der Abstieg aus der Oberliga, die politische und für viele auch private Wende sowie die neuen Verlockungen von Bundesliga-Live-Spielen bedeuteten für Cottbus den Zuschauer- und Fan-Supergau. Statt BFC, Lok Leipzig oder Rot-Weiß Erfurt hießen die Gegner nun Hertha Zehlendorf, SC Charlottenburg oder Optik Rathenow. Die Zuschauerzahl und die Stimmung sanken von einer Saison auf die andere um 90 Prozent auf um die 1.000 Besucher. Auch die Zahl der zu den Auswärtsspielen reisenden Fans reduzierte sich zu Beginn der 1990er Jahre auf ein bis zwei Dutzend. Alle kannten sich. Unter uns wurde es familiär. Diese Zeit war die Keimzelle der späteren Fanclubs Niederlausitz und Hans-Meiser-Team. Anfangs fuhren wir fast ausschließlich mit Privatautos zu den Spielen. Später, als unsere Zahl wieder wuchs, meist mit der Bahn. Ich erinnere mich an zwei Auswärtsspiele unter der Woche bei Blau-Weiß 90 Berlin (II) und Stahl Thale, da waren wir nur zu zweit. In ganz Ströbitz war ich der einzige, der in seinem Auto – einem alten Trabi – einen Energie-Wimpel hatte. Was wurde ich dafür verlacht. Ätzend, dass genau diese und viele andere Leute sich zehn Jahre später ihre Autos mit Energie-Schals, Wimpeln und Aufklebern zupflasterten und der ersten Bundesliga hinterherliefen. Seitdem habe ich keinen Wimpel mehr im Auto und trage auch keinen Schal mehr. Ich trage Energie jetzt nur noch im Herzen.

Mit meinem altersschwachen Trabi bin ich immer besonders gern zu den Spielen nach Berlin gegurkt. Was haben die im feinen Frohnau, auf ihren Pferden zur Traberwiese reitend, schön gehustet und erstaunt die Nase gerümpft, wenn ich durch ihr nobles Villenviertel bretterte. Eine Fahrt im bitterkalten Februar 1993 zu Marathon Berlin blieb mir ebenfalls in bester Erinnerung. Schon bei der Abfahrt in Cottbus fiel einer der beiden Töppe meines Trabis aus. Egal, wir müssen hin! Wir röchelten uns bis zur Brauerei in Schöneweide, dann blieben wir liegen. Die Zündkerze geputzt und ewig in der Kälte gewerkelt. Der Trabi sprang nochmal an und schaffte es bis über die alte Zonengrenze zum Stadion. Der Kick ging enttäuschend unentschieden aus. Nach dem Spiel sprang mein Trabi nicht mehr an. Roberto Götze, ehemaliger FC Drebkauer und späterer Cottbus-Front-Begründer, musste mich mit seinem Golf I abschleppen. Meine Begleiter wechselten in den Golf, während der Vetschauer Uwe Preuß, langjähriger treuer Fan in allen Zeiten, wagemutig und schon gut angeheitert, bei mir einstieg. Denn Heizung, Blinker und Scheibenwischer funktionierten ebenfalls nicht mehr. Bei Minusgeraden ging es frierend über die gefrorene Autobahn. Was Roberto nicht daran hinderte, mit mir im Schlepptau noch zu überholen. Dabei starb ich einige Tode. Sobald meine Frontscheibe wieder zugefroren war, leierte ich meine Seitenscheibe runter (im Gegensatz zur Beifahrerseite funktionierte das links noch) und winkte wild mit einer Hand. Das war das Zeichen zum Anhalten, damit ich die Frontscheibe für die nächsten Kilometer wieder freikratzen konnte. Meinen Beifahrer Uwe focht das alles nicht an. Er trank weiter in der Kälte sein Bier und beim Aussteigen in Vetschau war für ihn aus dem verlorenen Punkt ein gewonnener geworden. Ich kam heil mit meinem Trabi nach Hause."

1992–1994

Einen Aufsteiger aus den drei Staffeln in die zweite Liga gibt es 1992 im Übrigen nicht. Zwickau, der Ex-BFC und Union müssen in einer Gruppe mit dem Sieger der Nord-Oberliga einen Aufsteiger ausspielen und diesem den Vortritt lassen. Ein unbekannter Verein namens VfL Wolfsburg steigt in die zweite Liga auf. Dafür kommt mit dem HFC noch ein Gegner im eventuellen Kampf um den Aufstieg dazu, der HFC ist einer von gleich vier Absteigern aus der ehemaligen DDR! Am Ende der Folgesaison 1992/93 fehlen Energie zehn Punkte auf Union Berlin, die dieses Mal an der Lizenzierung scheitern. Statt Eisern darf nun Tennis Borussia Berlin in der zweiten Liga vertreten. Da Energie jedoch am Anfang der Saison sehr gut mitspielt, kann mit Zuschauerzahlen um die 3.000 gegen Magdeburg, Union und wieder Türkiyemspor sogar ein wenig Euphorie entfacht werden. Selbige wird selbstredend durch unnötige Auswärtsschlappen in Wernigerode oder bei der zweiten Mannschaft von Hertha BSC wieder zerstört. Der mittlerweile pubertierende Junge taucht so langsam wieder regelmäßig auf der Treppe hinter der Südkurve auf und nicht nur das. Auf der Gegengeraden stehen ein paar Mitschüler, Muttern hat letztens endlich Taschengeld eingeführt, und so werden neben Haselnussschnitten mit Fußballbildern die wenigen Moneten jetzt vornehmlich in Eintrittskarten zu den Heimspielen investiert – zwei Mark kostet der Stehplatz. In der neuen Saison 1993/94 gibt es dann keinen Unterschied mehr, Steh- und Sitzplätze kosten gleich viel, so dass sich wieder eine Art Stimmungsblock unterm Dach im Block B sammelt, der Pubertierende ist dabei. Fünf Mark ermäßigt – und dann am 26. September 1993 das Heimspiel gegen Union vor der Brust. Die Unioner waren anfangs im Gästeblock. Als bei Spielbeginn Regen einsetzte, entschieden unsere Vereins- oder Sicherheitsverantwortlichen in einem Anflug von Wahnsinn, die Unioner auf die Tribüne „einzuladen". Der Stadionsprecher hat per Durchsage das Angebot gemacht, und die Einladung wurde gern angenommen, aber sicher nicht nur, um sich zu trocknen. Die südliche Tribünenhälfte wird recht schnell von den Gästen eingenommen, während die Energiefans sich eben unter den etwa 2.400 Zuschauern im heutigen Block D sammeln und frenetisch den Führungstreffer von Detlef Irrgang bejubeln.

Ein paar Meter südlich sind die anderen Rot-Weißen nicht ganz so freudig gestimmt, sie wollen ein wenig aufräumen und stürmen einfach mal den kleinen Energie-Block. Sitzschalen knacken, Leute rennen wild durcheinander, die eine oder andere Backpfeife wird verteilt. Der Junge findet sich am Ende auf der Gegengeraden in Höhe der Mittellinie wieder. Den Schal noch um den Hals, aber dort, wo gerade noch energetische Schlachtrufe angestimmt worden waren, klafft jetzt ein Loch. Keine Menschen mehr, keine Sitzschalen mehr. Der altehrwürdige „Energie Cottbus"-Schriftzug auf der Tribüne ist zerstört. Den Lohn kassieren die Unioner an diesem Tage nicht durch den 1:1-Ausgleich, sondern durch den 2:1-Siegtreffer – wieder durch Detlef Irrgang. Kleine Sünden bestraft der liebe Gott sofort. Auf der Gegengerade in Höhe der Mittellinie hüpft endlich wieder ein Herz. Einer prägt die Mannschaft dieser Zeit und nimmt Anlauf, sich bei den Fans einen ganz besonderen Stand zu erarbeiten, den des Fußballgottes. Detlef Irrgang kehrt nach einer Saison bei Stahl Brandenburg zurück und trifft in seinen ersten beiden Spielzeiten 19 bzw. 20 Mal ins gegnerische Tor. Wobei seine wichtigsten Tore für den Verein erst später kommen sollten.

Im Februar 1994 hat ein lokales Anzeigenblatt eine Zählung aller Energiefans veranstaltet und in großen Lettern sinngemäß verkündet, dass Energie exakt 744 Fans hätte. So viele Zuschauer darf der Verein nämlich am 13. Februar 1994 zum Heimspiel gegen Türkspor aus Berlin begrüßen. Es ist aber mal so richtig schweinekalt. Freiwillig geht man da eigentlich nicht vor die Tür. Der immer noch sehr überschaubare Haufen Getreuer auf der Haupttribüne wird vom Wettergott gezwungen, neunzig Minuten lang durchzuhüpfen! Probleme mit der Statik machen die wenigen Fans nicht, sie erwärmen sich aber zumindest an dem Gebotenen, einen 6:0-Heimsieg sieht man ja auch nicht alle Tage. Fürs Erste muss sich Energie trotz torreicher und deutlicher Siege wieder hinter „Union, Union, Sowjetunion!" einordnen und in diesem Jahr scheinen die Köpenicker sogar die Lizenz zu bekommen. Vorerst! Kurz vor Beginn der Relegation gegen den BSV (ehemals Stahl) Brandenburg und den FSV Zwickau wird für die Eisernen dummerweise bekannt, dass eine abgegebene Bankbürgschaft gefälscht ist. Der DFB kennt keine Gnade, die Lizenz wird entzogen und so hat Energie auf einmal die Chance, in die zweite Liga aufzusteigen. Den Auftakt macht ein deutliches 1:3 in Brandenburg, bevor der FSV Zwickau in Cottbus auftauchen sollte. Auf einmal rennen die Cottbuser dem Verein wieder die Bude ein, auch unser pubertärer Held bezahlt von seinem spärlichen Taschengeld die sieben Mark ermäßigt und findet sich erwartungsfroh im damaligen Block C ein, die Kurve an der Parkeisenbahn. Mit 0:3 zerschlagen sich jedoch alle Hoffnungen auf erfolgreichere Zeiten und auch der Geschäftsführer hat gut zu schaffen: In der Halbzeitpause steht nämlich der Vollstrecker des Finanzamts hinter den Kassen und will sämtliche Einnahmen mitnehmen. „Am Ende hat er uns wenigstens die Hälfte gelassen", sagt ein seinerzeit erleichterter Klaus Stabach über zwanzig Jahre später. Und Ralf Lempke ergänzt: „Den Rest haben wir dann ein paar Tage später im Wald-Hotel bei einem Sponsorenabend mit dem Klingelhut eingesammelt." Der pubertäre Junge darf sich zu Hause von Muttern die Leviten lesen lassen, warum er für solch einen Mist sein weniges Taschengeld ausgibt. Spätestens jetzt muss Muttern aber endgültig klar sein, was sie seinerzeit an jenem Samstag im März 1987 für einen Fehler begangen hat, denn auch zum letztlich vollkommen unbedeutenden Heimspiel gegen Brandenburg stiehlt sich der Junge trotz Verbots wieder aus der Wohnung und ab zum Stadion und nimmt die folgende mütterliche Standpauke in Kauf. Der erste Aufsteiger aus der ehemaligen DDR in die 2. Bundesliga wird 1994 der FSV Zwickau.

1994/95

„So konnte es nicht weiter gehen. Auf Dauer mussten wir eine Entscheidung treffen. Entweder wir dümpeln weiter von der Hand in den Mund amateurhaft herum und laufen Gefahr, dass der Verein so irgendwann vor die Hunde geht, oder wir müssen etwas riskieren. Also habe ich Ede Geyer angerufen. Den kannte ich noch von früher", gibt der damalige Manager des Vereins zwanzig Jahre später zu Protokoll. Einer Ligareform sei Dank werden aus den drei NOFV-Staffeln jetzt eine, es ist im Groben eine mit Berliner Truppen verstärkte DDR-Oberliga. Und so sitzen Stabach und Geyer, der nach der Wende in Ungarn und auf Schalke diverse Engagements wahrgenommen hatte, beim Griechen am Ortsausgang von Peitz Richtung Guben und verhandeln. Man ist sich auch recht schnell einig, Geyer hat so einige Forderungen, auch strukturelle, nebenbei soll ihm ein mittleres, vierstelliges Salär den Auftrag in der Lausitz versüßen. Die beiden sind noch gar nicht so richtig vom Parkplatz verschwunden, da verbreitet sich die Kunde wie ein Lauffeuer. Geyer ist eben als letzter Nationaltrainer der DDR doch kein gänzlich Unbekannter und der Buschfunk hat ja auch schon früher sehr ordentlich funktioniert.

Hoffnung macht sich breit, zumal auch die wichtigen Spieler des Vorjahres gehalten werden können. Bei unserem fußballverrückten Jungen fließen jedoch erst einmal Tränen. Der Saisonauftakt zu Hause gegen Hertha Zehlendorf findet ohne ihn statt, Muttern präferiert die Ferienzeit für einen Krankenhausaufenthalt, der natürlich erst pünktlich am Montag nach dem Spiel enden soll. Das Spiel geht 2:3 verloren, der Anfang einer äußerst merkwürdigen Saison. Energie entpuppt sich entgegen aller Erfahrungen als heimschwach und auswärtsstark. Einer Heimniederlage folgt zumeist ein Auswärtssieg, so auch am zweiten Spieltag beim Spandauer SV. Vor dem zweiten Heimspiel geht es dann noch einmal in die Klinik, eine entzündete Wunde verhindert erneut das Saisondebüt des ins Stadion drängenden Teenagers. Wieder gibt es keinen Heimsieg gegen die zweite Truppe von Hertha BSC – dafür sollte es aber das letzte Heimspiel des FC Energie sein, welches ohne den Jungen auf den Rängen stattfand. Fortan sind Heimspiele feste Termine im Kalender, bis zum heutigen Tag. Das ändert leider nichts an der sportlichen Situation dieser ersten Regionalligasaison, weiterhin wird zuhause fleißig verloren. Aue, Jena, Sachsen Leipzig, auch die

Reinickendorfer Füchse oder TB Berlin – sie alle freuen sich über zwei gewonnene Punkte. Während Ede Geyer an der Seitenlinie den Irrwisch gibt, muss der Teenager den Weg nach Hause mit gesenktem Haupt antreten. Irgendwann in dieser Zeit taucht im Stadion der Freundschaft auch ein anderes Gesicht immer wieder auf, ein gewisser Ulrich Lepsch, Schwabe und aus dem sächsischen Dippoldiswalde in Richtung Lausitz abgewandert. Lepsch ist Vorstandsmitglied der heimischen Sparkasse, welche seit der Wende Hausbank und Sponsor des Vereins ist. Der FCE wird Lepsch'sche Herzensangelegenheit. „Schon alleine das Kürzel FCE macht den Verein sympathisch, mein Heimatverein, der FC Epfendorf, hat das gleiche. In Dippoldiswalde sind alle Dynamo-Fans. Die waren mir aber immer etwas crazy, das war nicht so meine Welt. Bei Energie waren ja immer dieselben 1.000 bis 1.500 Zuschauer da, man konnte eigentlich jeden mit Handschlag begrüßen", beschreibt er die Anfänge seiner Energie-Karriere. Diese soll ihn später in den Wirtschaftsbeirat des Vereins, in den Verwaltungsrat und ins Präsidium führen. Im Frühjahr des Jahres 1995 findet aber erst einmal die Bundesgartenschau in Cottbus statt und in diesem Zusammenhang erfährt auch das Stadion der Freundschaft ein wenig Aufhübschung. Die Tribüne wird wieder komplett bestuhlt, die Turnhalle saniert, zwischen Turnhalle und Sanitärtrakt entsteht ein verglaster Übergang, die Geschäftsstelle zieht in einen Containerbau hinter der Nordwestkurve und daneben wird ein Kunstrasenplatz angelegt. Zur Einweihungsfeier gibt sich der große Fußball in Cottbus die Ehre. Aus der Partnerstadt Gelsenkirchen tanzt der FC Schalke 04 zum Freundschaftskick an, Energie schlägt sich achtbar und mit dem 0:1 sind alle zufrieden. Der Fanclub Niederlausitz schreibt dazu in seiner Fanclub-Broschüre „Anstoß" Nr. 2: „Das war nämlich kein ‚Gegurke', sondern ein ganz ansehnliches Spiel." In der Liga läuft es dagegen weiterhin nur mittelmäßig, Muttern muss sich aber trotzdem mit dem immer stärker aufkeimenden Wunsch des Jungen herumschlagen, endlich auch einmal ein Auswärtsspiel zu besuchen. Das Spiel beim EFC Stahl scheint wie gemacht dafür, in Cottbus in den Zug setzen, in Eisenhüttenstadt wieder aussteigen, einfach die lange Straße herunterlaufen und nach dem Spiel das gleiche Procedere in umgekehrter Reihenfolge. Dank Mutterns Freifahrtschein auch noch sehr günstig. Aber einen Trumpf hat die Erziehungsberechtigte noch in der Hinterhand. Im Vorfeld der Volljährigkeit gibt es die Möglichkeit, zwischen einer richtigen Hi-Fi-Anlage und dem Führerschein zu wählen. Es wird der Führerschein gewählt, man ist ja so vernünftig. Und wie es der liebe Gott oder vielleicht auch einfach nur Muttern will, findet an jenem Samstag dem 5. November 1994, als der FC Energie in Hütte ein 2:2 holt, der Erste-Hilfe-Kurs statt. Das sei so selbstverständlich nicht geplant gewesen, behauptet Muttern. Schwere Kindheit! Aufgeschoben ist jedoch nicht aufgehoben und als dann am 29. April 1995 der Tag der Eröffnung der Bundesgartenschau kommt, rennt der Junge nicht etwa mit den ganzen Massen zum neu gestalteten Messegelände, sondern zum Bahnhof. Den Freifahrtschein von Muttern gezückt, soll es zu Schiebock gehen, doch die Reise endet bereits kurz vor Spremberg, etwa zwanzig Kilometer südlich von Cottbus. Musste der LKW-Fahrer mit dem Bagger auf dem Auflieger den Bagger gegen die Brücke setzen? Nach einem Fußmarsch zum Bahnhof in Spremberg geht es per Schienenersatzverkehr weiter und in Bischofswerda kommt man gerade noch pünktlich an. Für ein langweiliges 1:1! Dafür tanzen einige erlebnisorientierte Energie-Fans der Staatsmacht auf der Nase herum, ein schönes Räuber und Gendarm-Spiel der amüsanten Art, die Jungs nennen sich Royal Boys und Spreewaldkanaken. Für einen Debütanten in der Kategorie Auswärtsfahrer aber durchaus gewöhnungsbedürftig. Am Ende des Tages wird der Heimweg mit dem Bus der Mannschaft zurückgelegt. Abends tanzt man bei Muttern mit dem ersten Sonnenbrand des Jahres auf dem Schrankenposten an der Bahnstrecke von Cottbus in Richtung Drebkau an. Es soll nicht die letzte Auswärtsfahrt gewesen sein. Auch die beiden letzten Spiele bei TB und Sachsen Leipzig werden mitgenommen. Im Mommsenstadion, und nicht nur dort, regnet es fürchterlich, man irrt reichlich planlos durch Westberlin. Weil TB ja schließlich aus Charlottenburg kommt, wird selbstverständlich auch eine Zugverbindung nach Charlottenburg gewählt, eine, wie sich herausstellen sollte, glorreiche Idee. Von dort schlägt sich das Grüppchen mehr schlecht als recht per pedes zum Stadion durch, zum Dank gibt es bei der 2:0-Niederlage nichts zu lachen. Die Fahrt nach Leipzig treten wenige Fans mit dem Zug an, die Freunde der körperlichen Ertüchtigung wollen eine spätere Zugverbindung nutzen und werden den ganzen Tag nicht mehr gesehen. Dafür tummeln sich im Gästeblock viele Leutzscher, welche das energetische Führungstor den Gästefans gegenüber nur lakonisch kommentieren: „Wenn wir verlieren, kommt Ihr hier nicht lebend raus." Leutzsch spielt noch mit Jena um den Aufstieg und am letzten Spieltag steht an den Kernbergen der finale Showdown an. Energie verliert in Leipzig brav mit 3:1, die Energiefans fahren gesund nach Hause. Leipzig-Leutzsch steigt am Ende der Saison trotzdem nicht auf. Ätsch! Für Energie endet die Saison zumindest dahingehend versöhnlich, dass neben dem nur fünften Heimsieg am letzten Spieltag auch der Landespokal geholt wird. Das erste Mal qualifiziert sich Rot-Weiß damit für den DFB-Pokal. Ede Geyer hat aber schon nach einer Saison genug, er will weiter nach oben und dafür ist ihm die ganze Arbeit nicht professionell genug, die Spieler gehen noch arbeiten und nur wenige schaffen es, mehr als einmal am Tag zu trainieren. So sieht er keine Perspektive für sein Ziel, den Profifußball. Dazu steigt die Mannschaft aus dem Tal der Ahnungslosen aufgrund eines Lizenzentzugs von der ersten Bundesliga gleich in die Regionalliga ab und buhlt dem Vernehmen nach auch um Geyer. Dieser eröffnet gegenüber Stabach seine Forderung, dass alle Spieler vom Wesen her Profis sein sollen, andernfalls wäre Geyer weg. Er setzt dem Verein quasi die Pistole auf die Brust, Krein und Stabach müssen reagieren. Klinken putzen, Sponsoren finden, noch mehr Klinken putzen, noch mehr Sponsoren finden. Mit halben Sachen gibt sich Geyer nicht zufrieden. Ergo Klinken putzen, Sponsoren finden. Am Ende sollte sich der Aufwand lohnen, Geyer bleibt bei Energie und die Schwarz-Gelben aus dem Tal müssen wieder mal in die Provinz, zumindest aus eigenem Selbstverständnis heraus.

Saison 1995/96

Es ist ein Sonntag, Mitte August 1995. An der Straßenbahnhaltestelle gegenüber den Südlichtspielen steht ein achtzehnjähriger Jugendlicher. In den Sommerferien bessert er bei der Sparkasse mit ein wenig Ferienarbeit das eigene Taschengeld auf – und investiert es umgehend in einen neuen Schal und ein neues Trikot – von Borussia Dortmund. Wie so viele Fußballfans in der ehemaligen DDR hat auch er einen Lieblingsverein im Westen. Ausschlaggebend ist das Pokalfinale 1989, welches der BVB gegen Werder Bremen mit 4:1 glorreich gewann. Während beim Hans-Meiser-Team die Zuneigung zwischen den Bayern und dem HSV schwankt, schaut sich der Junge von der Straßenbahnhaltestelle mit Vorliebe heimlich die Spiele der Dortmunder Borussia im Fernsehen an. In der Erinnerung bleiben vor allem die Auftritte im UEFA-Cup im Jahr 1993 hängen, gegen den AJ Auxerre und Juventus Turin. Noch wie gestern erinnert er sich an den 5. Mai 1993: Wie ein Irrwisch tobt er durchs Kinderzimmer, als Michael Rummenigge in der zweiten Minute das 1:0 im Finale gegen Juve macht. Dummerweise soll man eigentlich schon das Bett hüten und Muttern schaut im Wohnzimmer selbst noch fern, Jubelschreie müssen also unterdrückt werden. So steht der Jugendliche in seiner Dortmund-Kluft an der Haltestelle, der gestrickte Energie-Schal ist natürlich auch dabei. Im Rucksack befindet sich eine neue Fahne, von der Tante genäht. Rot und weiß mit zweimal drei Buchstaben, den beiden Vereinen entsprechend. Gestalterisch kein ernsthaftes Meisterwerk, aber mit viel Enthusiasmus zusammengebastelt. Ein erstes Mal ist auch der Bruder wieder dabei, es geht gegen die Jungs aus dem Tal der Ahnungslosen. Für die beiden zum Glück ist einigermaßen viel Polizei auf der Strecke zwischen Bahnhof und Stadion unterwegs und so gelangt man auf Umwegen über das Bootshaus des örtlichen Kanuvereins unversehrt zum Stadion. Dort angekommen geht es schnellstens in den Stammblock C und die Fahne wird an den Zaun geknotet, der Fanclub Power Station hat auch ein BVB-Logo auf seiner Fahne. Auf den Traversen versammeln sich 6.500 Zuschauer, davon drückt ein Drittel schwarz-gelb die Daumen. Das Spiel ist nicht der Brüller, torlos geht es nach dem Abpfiff in die Kabinen. Aus dem Gästeblock dringt Aggression und so kehren einige mit Beule oder Veilchen nach Hause. Die rot-weißen Schals und die Fahne werden für den Heimweg gut versteckt, führt dieser doch notgedrungen am Bahnhof vorbei. Die schwarz-gelbe Truppe aus der Stadt an der Elbe zwischen Pirna und Meißen hat an diesem Tag negative Promotion in eigener Sache betrieben und es soll nicht das letzte Mal gewesen sein. Für Energie läuft die Saison nach einem durchwachsenen Start durchaus positiv, aber im DFB-Pokal-Debüt erweist sich die personifizierte graue Maus der zweiten Liga, der SV Meppen, bei einem 1:2 als zu hohe Hürde. Energie tritt vor nur 2.500 Zuschauern zu zaghaft auf. Besser läuft es in der Folge in der Regionalliga, elf Spiele ohne Niederlage stehen auf dem Zettel, allerdings spiegelt sich dies nicht zwingend in den Zuschauerzahlen, nur 1.500 Leute verlaufen sich auf den Rängen. Höhere Ziele werden rund um die Winterpause wieder mal verspielt. Von den sechs Partien vor und nach der Winterpause wird eine einzige gewonnen, aber die letzte dieser sechs wird wieder ein besonderes Spiel. Es ist das Auswärtsspiel in Sachsens Landeshauptstadt. Etwa 200 Energiefans erleben im Rudolf-Harbig-Stadion bei Eiseskälte eine 0:1-Niederlage, aber eine besondere, denn: sie ist die vorerst letzte. In der Folge verlernen die Energie-Kicker einfach mal so das Verlieren. Aus den kommenden vierzehn Saison-Spielen werden zwölf Siege und zwei Unentschieden geholt. Am Ende stehen

Irrgang, Benken, Konetzke und Co. auf dem dritten Platz hinter TB und den permanent über die eigenen Verhältnisse lebenden Unionern. Und auch der Landespokal kann von den Seelower Höhen entführt und zum zweiten Mal in die Vitrinen am Eliaspark gestellt werden. Die nächste Saison wird eine historische.

Saison 1996/97

Der BFC, der FC Karl-Marx-Stadt, Rot-Weiß Erfurt, Wismut Aue, die Truppe aus dem Tal der Ahnungslosen, Stahl Eisenhüttenstadt, Chemie Leipzig – mit diesen Mannschaften durfte sich die BSG Energie Cottbus zu DDR-Zeiten immer mal wieder messen. Viele davon waren sportlich überlegen, mit anderen gab es Duelle auf Augenhöhe. Die Saison 1996/97 soll für den FC Energie Cottbus eine denkwürdige werden. Lediglich Antonio Ananiev verlässt den Verein kurz vor Saisonbeginn und Olaf Besser beendet seine höherklassige Karriere. Mit Zimmerling, Hoßmang, Kronhardt, Lazic und Melzig lotsen Stabach, Krein und Geyer durchaus namhafte Verstärkung ans Spreeufer, das Ziel Aufstieg wird ganz offensiv angegangen. Und wie: zur Saisoneröffnung tanzen erst einmal die Bayern an und gewinnen nach einem Regenschauer allererster Güte nur 2:1. So langsam scheint in der Stadt wieder ein rot-weißes Herz zu schlagen. In der Hinrunde gelingen dreizehn Siege, lediglich vier Mannschaften schaffen ein Unentschieden. Das Hans-Meiser-Team wird in seiner zum Spiel gegen den Karlsruher SC erscheinenden dritten Ausgabe des Fanclubmagazins „Mach' den Stier!" fragen: „Wer soll uns noch stoppen?" Und weiterhin ausführen: „Und wie werden wir später in Erinnerungen dieser Saison schwelgen, auch wenn es nichts mit Liga 2 und Europapokal werden sollte. Allein wenn man sieht, wie wir die einst übermächtige Oberligakonkurrenz nass gemacht haben: 4:0 bei Union, 3:1 in Chemnitz, 2:1 in Dresden. Davon hätten wir früher nur geträumt." Selbst der Stadionsprecher im Rudolf-Harbig-Stadion musste in der Halbzeitshow an seine Anhänger gerichtet sinngemäß feststellen: „Seid nicht böse, liebe Dresdner Fans. Aber Cottbus ist wirklich eine Klasse besser."

Das Abitur in der Tasche und die Ausbildung in der Verwaltung angefangen, geht es auch für den mittlerweile ausgewachsenen Jugendlichen, der jetzt an diesem Büchlein schreibt, auf den einen oder anderen Ausflug. Die ersten Auswärtsspiele fallen flach, das erste Azubigehalt wandert zu spät aufs Konto und Muttern zeigt natürlich den Vogel, als es darum geht, dass sie die Spiele zusätzlich zum Taschengeld finanzieren soll. Selbiges wird im Monat August nahezu ausschließlich in Eintrittskarten für Heimspiele umgesetzt. Dank eines souveränen 1:0-Sieges nach Verlängerung gegen die Stuttgarter Kickers aus der 2. Liga muss so auch noch das nächste

DFB-Pokal-Heimspiel gegen den VfL Wolfsburg finanziert werden. Der Sieg gegen die Kickers interessierte mich am Ende des Tages nur noch sekundär, hatte doch irgendein Idiot die Feierlichkeiten zum Sieg genutzt, um die Fahne zu mopsen. Alles Suchen blieb erfolglos. Ergo darf die Tante gleich eine neue Fahne nähen, wieder reine Handarbeit und noch nen Zacken schärfer im Design. Halleluja! Und von so viel Enthusiasmus angestachelt, möchte Muttern dann auf einmal selbst mit den beiden Söhnen ins Stadion, man muss ja schließlich schauen, mit was für Typen sich die Kinder da so abgeben. Sie ist dann aber reichlich erschrocken über die hässliche Fratze der Staatsdiener, als sie nach dem Heimspiel gegen Aue, eines dieser vier besagten Unentschieden, an der bekannten Haltestelle gegenüber den Südlichtspielen steht. „Das ist ja kein Wunder, dass die Leute da aggressiv werden", wird ihre Meinungsäußerung überliefert. Was sie jedoch nicht davon abhält, zwei Wochen später mit den beiden Söhnen im neuen Westauto, einem hellblauen Peugeot 309 ohne alle Extras, die Reise ins nicht allzu weite Chemnitz anzutreten. Die dortige Fußballtruppe war aus der 2. Bundesliga abgestiegen und wurde vor der Saison von den Experten zusammen mit TB als Favorit auf den Staffelsieg gehandelt. Nun durfte sie wieder in der alten Heimat spielen, der Fischerwiese an der Gellertstraße. Muttern steht wieder das Entsetzen ins Gesicht geschrieben, aber nicht nur wegen der Polizei, sondern auch wegen des eigenen Sprösslings. Der feiert die drei Energie-Tore wie andere den entscheidenden Treffer zur Meisterschaft in der Nachspielzeit am letzten Spieltag und muss sich angesichts seines hochroten Kopfes die Frage gefallen lassen, ob alles in Ordnung sei. Und ob! Danilo Helbig erwischt es schlimmer, er nimmt einen Mittelfußbruch als bleibende Erinnerung an diesen ersten Samstag im November 1996 mit nach Hause. Die Gastgeber sind vom Geschehen minimal begeistert und bringen ihre Gefühle mittels der Imitation Lama'scher Verhaltensweisen zum Ausdruck, während die Polente wenig interessiert zuschaut. Sportlich macht Energie auch weiter kurzen Prozess, das nächste Auswärtsspiel ist ein historisches: Energie gewinnt zum ersten Mal gegen die Truppe aus der verbotenen Stadt. Deren Anhänger sind ob der ausufernden Feierlichkeiten und dem Support für einen gewissen Rolf-Jürgen Otto nicht begeistert und entglasen nach dem Spiel unter den Augen der zögerlichen und total überforderten, obwohl berittenen Staatsmacht fast alle Fanbusse von Energie. Mit zehn Pfennig in der Tasche ist aber selbst ein Trip ins nur hundert Kilometer entfernte Tal reinste Utopie, so dass ich die

Ereignisse am nächsten Tag nur aus der Zeitung erfahre, während Muttern natürlich heilfroh ist, dass der Sohn nicht dabei war.

Dem heimischen Nahverkehrsunternehmen Cottbusverkehr entgeht natürlich nicht, dass sich mit zunehmendem Erfolg des Clubs eine Marktlücke auftut und es bietet neuerdings organisierte Busfahrten an. Die finden dann in Linienbussen ohne Komfort und Service statt. Dementsprechend endet ein Ausflug zum 1. FC Union, wenn man den Schilderungen Glauben schenken darf, in einem hygienischen Desaster, da die Fahrer auf der Rückfahrt gedenken, ohne Pause das Ziel zu erreichen. Aufgrund diverser Geruchsrückstände sind die Busse am nächsten Werktag nicht mehr einsatzfähig. So ist es nicht verwunderlich, dass die Anreise mit diesem Unternehmen in den eigenen Planungen eher nicht vorkommt. Die nächsten Auswärtsfahrten werden lieber mit dem Zug angetreten. Wochenendticket hieß damals das Zauberwort, zwei Tage lang für fünf Personen gültig und nur 15 Mark teuer, das kann man sich auch mit schmalem Lehrlingsgehalt leisten. Nach Hütte ist man nicht allein unterwegs, in vierstelliger Zahl nehmen Energiefans aller Couleur die Bruchbude der Hüttenwerker ein, während auf deren Seite von einer Fanszene nichts mehr zu sehen ist. Selbst die zehn Leute, die fünfzehn Lappen aufhängen, verstecken sich oder hoffen auf eine Spielabsage, die Austragung der Partie steht witterungsbedingt auf der Kippe. Angesichts der Massen an Energiefans in der Stadt wird aber angepfiffen und gut gelaunte Gästefans fahren mit einem 2:0 im Gepäck nach Hause. Zwei Wochen später geht es wieder mit dem Zug ins nördlich von Berlin gelegene Velten. Neben sechs Toren bleibt vor allem die Erinnerung an die verschimmelten, schon grün angelaufenen Grillerzeugnisse. Doch statt den Grillmeister aus dem Verkehr zu ziehen, beobachtet die Staatsmacht nur grimmig die aufgebrachte Meute. Auch nach Aue fährt immer ein Zugmob, aber viel interessanter erscheint eine Busfahrt mit dem Hans-Meiser-Team. Muttern ist angesichts der versoffenen Bande

Der hessische Unternehmer Rolf-Jürgen Otto war ab Januar 1993 Präsident des Fußballvereins Dynamo Dresden. Unter seiner Präsidentschaft häufte der Verein Schulden in Höhe von 10 Millionen DM an und erhielt aufgrund dessen im Mai 1995 keine Lizenz mehr für die Bundesliga und 2. Bundesliga. Dynamo musste in die drittklassige Regionalliga Nordost zwangsabsteigen. Rolf-Jürgen Otto wurde wegen Veruntreuung von rund drei Millionen DM zu einer Gefängnisstrafe verurteilt.

nicht begeistert und erlaubt nur die Fahrt mit Zug. Da der Bruder noch nicht volljährig ist, hat sie dazu sogar noch das Recht. Trotzdem werden vom Azubigehalt heimlich zwei Bustickets gekauft, die Muttern natürlich stilsicher einen Tag vor dem Spiel findet. Die Ausrede, dass sie für zwei Kumpels sind, glaubt sie erst, als wir, statt sie bei den vermeintlichen Kumpels abzugeben, anderthalb Stunden durch das abendliche Cottbus schlendern. Die Nacht verläuft äußerst unruhig, Schüttelfrost und bloß aufpassen, dass Muttern nichts merkt. Die lässt einen doch sonst nicht fahren. Und so geht es ziemlich müde und krank in den Bus nach Aue zum ärgsten Verfolger. Der führt dann 2:0, das Stadion dreht ab. Fünf starke Minuten von Detlef Irrgang reichen aber, um mit 250 Energiefans die Stimmgewalt im Erzgebirge zu bekommen. „Detlef Irrgang Fußballgott!“ 2:2 Endstand, sehr fein. Muttern wird am Abend erzählt, dass im Bus noch Plätze frei waren und wir deshalb mitfahren durften. Ob sie es geglaubt hat? Egal.

Jedoch nicht nur in der Liga macht der FCE positive Schlagzeilen, noch viel Erstaunlicheres spielt sich im DFB-Pokal ab. Die Siege über die Zweitligisten Stuttgarter Kickers und Wolfsburg reichen dem Bundesligisten MSV Duisburg als Warnung nicht aus. Kay Wehner hält den zweiten Elfer und an einem Mittwochnachmittag Ende Oktober tanzen über 8.000 Menschen vor Freude durch die Gegend. Drei Wochen später muss der nächste Erstligist, der FC St. Pauli, dran glauben. Wieder hält Kay Wehner den entscheidenden Elfmeter, fast 13.000 Menschen tanzen diesmal, leider wieder an einem Mittwochnachmittag, fehlender Flutlichtanlage sei Dank. Der Präsident Dieter Krein verspricht allerdings großspurig für den Fall des Weiterkommens, dass das Pokal-Halbfinale unter Flutlicht ausgetragen wird, und hält Wort. Dank diverser Spenden, eine entsprechende Dankestafel befindet sich noch heute am Mast vor der Geschäftsstelle, wird fünf Tage vor dem Spiel gegen den Karlsruher SC die neue Flutlichtanlage eingeweiht. Altmark Stendal heißt der Gegner und er bekommt nach einer Minute den ersten von drei Gegentreffern eingeschenkt und über 5.000 Zuschauer gehen beschwingt in die kommende Woche. In dieser fährt die KSC-Mannschaft erfreulicherweise an Chemnitz vorbei und bis nach Cottbus. Das ist erstaunlich, weil doch Weißbier-Waldi bei der Auslosung die schönste Stadt der Welt mit Nischl-Town verwechselt und den FC Energie nach Karl-Marx-Stadt, ähm … Chemnitz, verlegt. Die Euphorie in der Stadt ist trotzdem ungebrochen und einer Umfrage der Regionalzeitung zufolge glauben fast neun von zehn Energiefans an den Einzug ins Pokalfinale. Für das Hans-Meiser-Team artet das Spiel schon in Stress aus, Kartenanfragen, Radiointerviews und dergleichen. Auf einmal sind alle Energiefans. Das Wetter wird dem Monat April entsprechend vorausgesagt. Neun Grad, meist bewölkt, vor allem vormittags Regenschauer verspricht die Vorhersage. Als ich gegen drei Uhr nachmittags vor dem Glad House stehe, sehne ich Regenschauer geradezu herbei: Schnee und Hagel bestimmen die Szenerie. Trotzdem, eine ganze Stadt ist im Fußballfieber. Mit Öffnung der Stadiontore geht es rein und diesmal sogar noch weiter als sonst, in den Innenraum. Dort wird den Fans des FCE eine neue Blockfahne übergeben, dreißig Meter mal acht Meter. Die ist schwer wie Sau, vollgesogen dank Schnee und Hagel. Mitten im April ist der Platz weiß und der Ball rot. Wieder zurück aus dem Innenraum ist der Weg in den Block dicht. Überall Menschen und draußen noch Schlangen ohne Ende. Heute wirste mit Sicherheit nicht umkippen. Die offizielle Zuschauerzahl von 21.000 Besuchern ist deutlich zu niedrig angesetzt. Die Atmosphäre wird noch weiter angeheizt, ein offizielles Feuerwerk erleuchtet zum Einlaufen den Innenraum vor der Nordkurve, während der verletzte Holger Fraedrich im TV zu Protokoll gibt, dass „Schäng Dangdie“ schon ein guter Spieler sei. Und dann nimmt der Wahnsinn seinen Lauf. Das weiße Baden-Ballett rutscht auf dem Geläuf nur unsicher hin und her, während die alten Lausitzer Tugenden, Kampf und Einsatz bis zum Letzten, die Fans fragen lassen, wer hier eigentlich der Erstligist ist. Mitte der zweiten Halbzeit ist es dann soweit, Willi Kronhardt trifft zum 1:0, der erste Weg geht zur Haupttribüne. Trikot hoch, auf dem T-Shirt steht „Jule“, ein persönlicher Gruß an die Lebenabschnittsbevollmächtigte des Torschützen und die Geburtsstunde der T-Shirt-Mitteilungen. Der Jubel ist noch gar nicht verhallt, da legt „Detlef Irrgang Fußballgott“ nach, was ist denn hier los, Abfahrt! Die Drahtzäune hängen längst auf halb acht, mit Ausnahme der 600 Karlsruher ist das ganze Stadion ein einziger Freudenknäuel. „Sie erleben die Demontage eines Fußballbundesligisten!“ Nach dem 3:0 durch Locke Konetzke nach einem Eckball zehn Minuten vor Schluss ist sich da auch der Kommentator Wilfried Mohren in der ARD sicher. In Cottbus wird die Nacht zum Tag gemacht. Im frühjährlichen Schneegestöber erreicht ausgerechnet Energie

Nach Cottbus 1997 sollte das Erreichen des DFB-Pokalfinales bislang nur einer weiteren ostdeutschen Mannschaft gelingen: Am 26. Mai 2001 unterliegt der 1. FC Union Berlin mit 0:2 dem FC Schalke 04 im Olympiastadion.

Cottbus, die Fahrstuhlmannschaft der DDR schlechthin, als erste ostdeutsche Mannschaft nach der Wende das DFB-Pokalfinale in Berlin.

Die folgenden Wochen werden aufregend. Energie gewinnt mit elf Punkten Vorsprung die Liga. 57 Pflichtspiele nach der letzten Niederlage im Tal der Ahnungslosen im Februar 1996 verlieren Irrgang, Konetzke, Benken, Melzig, Wehner und Co. wieder ein Spiel, aber da war in der Regionalligastaffel Nordost schon alles entschieden. Den Gegner der Partie vernachlässigen wir an dieser Stelle einfach, zu viel Aufmerksamkeit schadet nur. Ende Mai 1997 entscheidet sich, ob die Saison eine gute ist oder nicht. Relegation gegen Hannover 96, Hinspiel im Niedersachsenstadion. 2.500 Energiefans machen sich unter anderem per Sonderzug auf den Weg. Muttern schnappt ihren größeren Sohn schon einen Tag eher und checkt in einer kleinen Pension nördlich der niedersächsischen Landeshauptstadt ein, während der jüngere Sohn der Berufsschule frönen darf. Im Fernseher auf dem Zimmer gibt es das Finale im Europapokal der Landesmeister in München. Lars Ricken lässt mich, mit BVB-Trikot und -Schal bewaffnet, sieben Sekunden nach seiner Einwechslung wieder mal Freudensprünge durchs Zimmer machen, und diesmal muss ich dabei nicht in den Schal beißen. Der nächste Tag vergeht wie in Trance, volle Nervosität in Richtung Spiel. Und dann geht es los, 55.000 Zuschauer, Drittligarekord. Der Heimblock erstrahlt im Glanz roter Leuchtstäbe, im Gästeblock brennt ein einsamer Schal von 96. Und tropft dabei genüsslich auf meine Fahne. Das schöne Stück Stoff ist ordentlich zerfetzt, das war's. Ein sportlich zufriedenstellendes 0:0 ist das letzte Spiel dieses ästhetischen Meisterwerkes, dessen stoffliche Überreste danach schön zusammengelegt als Reliquie in die Kommode wandern. Die Stimmung im Block ist prächtig, angesichts des Endstandes in Unterzahl wird sie sogar regelrecht euphorisch. Für das Rückspiel eine Woche später hat Energie alle Trümpfe in der Hand. Hannover 96, dessen Fanszene sich über die nur zweieinhalbtausend Rot-Weißen im Hinspiel lustig gemacht hat, bekommt am 5. Juni gerade mal einen Tausender an Gefolgschaft in die Lausitz, zündet aber wieder rote Bengalos. Auf Heimseite dagegen ist die Stimmung aufgeladen, es wird von fliegenden Bananen und Apfelsinen in Richtung der farbigen Gästespieler berichtet. Nicht schön! Auf dem Platz sterben die Gäste wie Schwäne, während Energie wieder sehr körperbetont auftritt. Bezeichnend dafür ist eine Szene in der ersten Minute, als Ingo Schneider den

Otto Addo fernab des Ballgeschehens abtropfen lässt. Da ist die Marschroute des Abends klar und sie macht sich vorerst bezahlt. Hoßmang bringt Energie in Führung, ehe ausgerechnet dem bisher sehr zuverlässigen Torwärter Kay Wehner ein Schuss durchrutscht. Jetzt sind die tausend Gäste obenauf und freuen sich, indem sie in die Nebenblöcke Becher mit Steinen werfen. Niveaulimbo! Nach der Halbzeit bekommt Energie keinen richtigen Zugriff mehr, Hannover ist besser, das Flutlicht geht aus! Und erst nach über zehn Minuten wieder an. Stromausfall bei Energie!! Dann verliert Energie Jens Melzig nach Schwalbe von Otto Addo. Und hat Detlef Irrgang! Erst macht er etwa zwanzig Minuten vor Schluss das 2:1. Fünf Minuten vor Ende – mitten in die Drangphase der 96er – schickt ihn Lazic auf rechts. Irre's Haken mit rechts, noch einmal Irre's Haken mit rechts, „Detlef Irrgang! Hat er die Nerven? Er hatte sie, fast! Und er hat sie doch!", so hallen mir die Worte des NDR-Reporters noch heute in den Ohren. „Detlef Irrgang Fußballgott!" Der Rest geht unter im kollektiven Jubel. Eine Stadt im Ausnahmezustand, eine Stadt stolz auf ihre Kicker! Und die Kür kommt ja noch, Pokalfinale in Berlin. Die arme Frau Wolfram in der Geschäftsstelle! Energie hatte auf einmal hunderttausend Fans, so viele Karten hätte Frau Wolfram verkaufen können. Glücklicherweise behält sie die Nerven und von den 200 bis 300 Fans, die auch bei den normalen Auswärtsspielen dem Verein immer die Treue gehalten haben, dürften am Ende auch alle beim Highlight der Saison dabei gewesen sein. Für Energie Cottbus einfach nur ein Feiertag, da interessiert kein Regenguss kurz vor dem Spiel, da interessiert nicht die am Ende verdiente 0:2-Niederlage gegen den sich sympathisch präsentierenden VfB, da juckt das dilettantisch organisierte Mannschaftsbankett nicht. Nach dem Aufstieg in die zweite Liga ist alles andere nur noch Zugabe. Feiernde Fans, wohin man schaut. Und die Spezies Erfolgsfan bringt einen dann doch eher zum Lachen: kreischende Teenies sind wirklich mal was Neues. Quasi nebenbei gewinnen die Rot-Weißen auch noch den Landespokal und bescheren dank ihrem Zweitligaaufstieg dem ehemaligen Rivalen aus Eisenhüttenstadt, dessen zweite Mannschaft das Finale erreicht, noch einmal einen gesamtdeutschen Auftritt im kommenden DFB-Pokal. Energie ist im Profifußball angekommen.

„Sie macht das rot-weiße Bild im Stadion erst komplett. Hier ist sie, hier kommt die Fahne des FC Energie Cottbus!" Zu jedem Heimspiel schreit Benjamin Hanschke, der Stadionsprecher des FC Energie Cottbus, diese Worte in sein Mikrofon. Im Hintergrund läuft sein mit Alexander Knappe geschriebener Song „Wir komm' auch morgen noch wieder!", auf den Tribünen werden die Schals nach oben gehalten. Sprung zurück – wir schreiben Dienstag, den 15. April 1997. Für das Pokalhalbfinale gegen den KSC hat sich die Marketingabteilung etwas einfallen lassen. Die Fans sollen eine große Fahne bekommen, die sie als Blockfahne benutzen können. Dreißig Meter mal acht Meter misst das gute Stück. Die Farben rot und weiß sind vertauscht, vielleicht hätten sie jemanden fragen sollen, der sich damit auskennt. Zumindest aber gibt es auf der Fahne keine Werbung, wie anderthalb Jahrzehnte später bei vom Biersponsor zur Verfügung gestellten Schwenkfahnen. In den Block schafft es die Fahne an diesem legendären Abend nicht, zu überfüllt sind die Traversen, also wandert das Teil zu Schlodders unter die Treppe. Fortan liegt die Fahne in der Kurve vor dem Block und wartet auf ihren Einsatz zum Beispiel bei Toren. Und die Jahre gehen ins Land, von den Fans wird die Fahne immer seltener genutzt. Energie gibt sie Sponsoren zur weiteren Verwendung. Ein Restaurantbesitzer lässt sie fortan an Heimspieltagen vom Dach seiner Restauration in der Innenstadt herabhängen. Im Sommer 2001 nach einem Heimspiel gegen den HSV ist sie weg. Keiner weiß was, keiner war's! Bis ein Fan vor einigen Jahren in einem kleinen Dorf bei Forst/Lausitz eine Garage mietet. Es ist die vierte Garage in der Reihe, die einzige mit einem grauen Tor. Dort liegt sie und der erste Weg führt ins Stadion. In einer Garage wird diese Fahne fortan nicht mehr versauern, vielmehr wird sie vor jedem Spiel in einer Zeremonie auf dem Mittelkreis des Stadions ausgebreitet. „Sie macht das rotweiße Bild im Stadion erst komplett. Hier ist sie, hier kommt die Fahne des FC Energie Cottbus!"

Drei Jahre in der 2. Bundesliga (1997 – 2000)

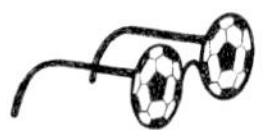

Saison 1997/98

Das sind wir nun also. Die graue Maus des DDR-Fußballs schickt sich an, den Fußballosten gesamtdeutsch zu vertreten. Die Mauer in den Köpfen ist noch längst nicht abgerissen. „Baut die Mauer auf!" gehört zum Standardrepertoire einer jeden guten westdeutschen Fankurve. Der DFB stellt keine Ausnahme dar. Dem Emporkömmling von der polnischen Grenze werden so einige Steine in Sachen Infrastruktur in den Weg gelegt. Ein niegelnagelneuer Zaun muss es sein, dazu komplett befestigte Traversen und auch noch ein Spielertunnel. Die Sache mit dem Zaun ist nachvollziehbar. Die Fans, vor allem die im Block C, also der Fankurve, haben nämlich immer fleißig Eurogoals auf Eurosport geschaut und spielen bei Toren der Energie regelmäßig Real Madrid. Real-Fans rennen bei einem eigenen Tor immer runter an den Zaun. Der ist aber im Stadion der Freundschaft nun mal lediglich ein hüfthohes Geländer, über dem sich ein paar Drahtseile von Pfahl zu Pfahl hangeln. Nach jedem Zaunsturm hängen sie lose nach unten. Befestigte Traversen allerdings findet man beim FC St. Pauli selbst im Herbst 2013 im Gästeblock noch nicht. Aber es nutzt ja alles nix, also werden die Auflagen erfüllt, das Abenteuer Profifußball kann beginnen und zwar mit einer ziemlich neu zusammengewürfelten Truppe. Siebzehn Neuzugänge und zwölf Abgänge verzeichnen die Statistiker. Darunter solch illustre Namen wie ein Paschalis Seretis. Nach zwei Wochen macht er psychische Beschwerden geltend, um doch wieder abdampfen zu können. Oder kennt hier noch einer Uliks Kotrri? Der Albaner soll irgendetwas mit Real Madrid zu schaffen gehabt haben, vermutlich hat er in der dritten Mannschaft die Ballpumpe bedient. In Cottbus reicht es zu zwei Einsätzen jeweils gegen Eintracht Frankfurt, beide Spiele gehen verloren. Es sind aber auch einige Kracher dabei. Ein Antun Labak soll später noch seine eigene Torhymne bekommen, ein Witold Warwrzycek eine persönliche Lobhuldigung von Herrn Rummenigge ob seines strammen Schusses. Dirk Lehmann erlangt erst nach seinem Wechsel von Energie zu Londons FC Fulham Berühmtheit als Porno-Star. Er sieht einem englischen Darsteller für Ü18-Filmchen zum Verwechseln ähnlich. Der Topstar wird jedoch Miroslav Jovic, der von PAOK Saloniki in die Lausitz wechselt. Ein Schwalbenkönig vor dem Herrn, jede Saison ein Tor und beim Spiel in Chemnitz im Frühjahr 2000 vergisst Uwe Morawe das Mikro abzustellen, als er unmissverständlich deutlich macht, dass ihm dieses Rumgefalle auf die Nerven geht. Als Energie dann im Sommer 2000 endlich eine Rasenheizung einbaut, wechselt Herr Jovic nach Jena. Die erste Saison im Profifußball verläuft geradezu komplikationslos, sportlich schwebt Energie nie wirklich in Abstiegsnöten, am Ende stehen Platz acht und 45 Punkte zu Buche. Das erste Tor bleibt einem Igor Lazic vorbehalten, der am zweiten Spieltag das 1:0 gegen die jetzt wieder VfB Leipzig heißende Lok schießt. Den ersten Sieg erringen die Jungs einen Spieltag später in Unterzahl beim FC Carl Zeiss Jena. Das 3:0 fällt recht deutlich und die Feierlichkeiten im Jenaer Paradies-Bahnhof bei den 259 Entlastungszugfahrern sehr trommellastig aus. Bei brütender Hitze gibt es wieder einmal ein neues Zeugnis gestalterischen Dilettantismus' zu bestaunen: Im heimischen Keller ist während der Sommerpause freihändig für die Senfgurkenmafia eine Fahne entstanden. Schablonen, Polylux und dergleichen sind vollkommen überbewertet und das DFB-Emblem wurde natürlich mit Absicht verunstaltet. Muttern lässt sich auch weiterhin nicht davon abhalten, mit den Kindern das eine oder andere Spielchen auswärts mitzunehmen. Im September stehen mit Unterhaching und am Dienstag darauf im Pokal bei Waldhof Mannheim zwei Auswärtsspiele an, die in einem Kurzurlaub münden sollen. Das bayrische Staatsbesäufnis beginnt an diesem Wochenende, was uns nicht abhält, blauäugig vor Ort mal eben nach einer Unterkunft zu suchen. Nach einem unterirdischen Kick, der 0:0 endet, klappt das natürlich nicht. Erst weit außerhalb von München gibt es noch was, aber auch nur für eine Nacht, in einem Keller mit einem runden Bett. Dieses Zimmer wird wohl auch für andere Zwecke vermietet. An Kurzurlaub ist jedenfalls nicht zu denken. So geht es am nächsten Tag wieder nach Hause, um am Dienstag darauf wieder gen Mannheim zu fahren. Die restliche Fanschar ist dagegen wieder mal richtig nobel unterwegs. Ein Linienbus von Cottbusverkehr bringt die Leute ins Carl-Benz-Stadion. Der MAN-City-Rennwagen „überzeugte im Stand, schwächelte am Berg, und beim Bremsen verschaffte er allen Insassen einen ganz besonderen Kick. Die Annäherung an einen Stau versprach uns beinahe eine (Blech-)Lawine zu erleben – aus Sicht der Lawine! Irgendwann packten die Bremsen dann doch zu und verhalfen dem Bus, über den Umweg herumfliegender Dosen, zu etwas mehr Spritzigkeit." So zumindest kann es der Fan in der vierten Ausgabe des Kult-Fanzines „Mach den Stier!" nachlesen. Im Vergleich dazu ist die 3:4-Niederlage gegen Waldhof noch richtig erträglich.

Auch das Thema Pyrotechnik taucht auf einmal auf und so qualmt es des Öfteren sowohl im heimischen Stadion als auch in Fürth auf der Damentoilette. Muttern ist hocherfreut, als im Nachgang ihrer Verrichtung diverse männliche Polizeibeamte das Klo inspizieren und überprüfen, ob sie nicht noch eine weitere Nebelbombe gelegt hätte. Ganz großes Kino! Beim Auswärtsspiel in Zwickau wird Robbie K. beim Schmuggeln von Rauchpulver ins Layher-Gerüstbau-Stadion erwischt. Folge ist eine Vorladung ins Ordnungsamt der Stadt Cottbus. Dort wird ihm vom heutigen Amtsleiter mitgeteilt, dass das Zeug der BAM-Klasse 1 (in der Gefährlichkeit also in etwa einer Wunderkerze vergleichbar) zugerechnet werden kann, es aber aufgrund der Belästigung der Allgemeinheit sicher keine Erlaubnis zum Abbrennen gäbe. Am Ende des Tages steht für den Sünder lediglich eine mündliche Verwarnung durch den Amtsleiter zu Buche. Neben den Spielen gegen die ehemaligen DDR-Rivalen gibt es noch ein weiteres Duell, welches die Emotionen hochkochen lässt. Mit dem FC St. Pauli gibt sich ein Verein die Ehre, dessen Anhang ganz offensichtlich in komplett anderem Fahrwasser unterwegs ist als die meisten anderen in Deutschland. Dies lockt einerseits zum Gastspiel in der Lausitz die versammelte Punkszene Südbrandenburgs und Nordsachsens in den Gästeblock. Andererseits machen sich im Nebenblock die Freunde des erhobenen rechten Arms breit und verbreiten wenig sportlich-faire Stimmung. Am Ende des Tages nehmen sich einige sogar ein Vorbild bei den schwarz-gelben Sachsen und benutzen Steine als Wurfgeschosse. Energie taucht nun auch in der Stadionverbotsstatistik des DFB auf. Beim Hinspiel am Millerntor wurde ein kompletter Bus gar nicht erst zum Stadion gelassen. Die es bis in den Block schafften, bekamen ihren eigenen Solidaritätszuschlag in Form von fliegenden Münzen – derlei Almosen werden aber gleich über den Spielertunnel hinweg wieder zurück geschickt. Am Ende durften sich die Braun-Weißen über den Ausgleich in der letzten Spielminute freuen.

In der folgenden Saison greift eine Aktion des Fanclubs Cottbuser Jungs auf ironische Art und Weise das Geschehen auf, indem mit einem „Haste mal ne Mark?“ im Rahmen einer rot-weißen Papptafelchoreographie nach Geldspenden gefragt wird. Energie selbst präsentiert sich in der Organisation noch nicht hundertprozentig zweitligareif. Vor allem die Fans aus Jena monieren diverse Unzulänglichkeiten hinsichtlich Kartenverkauf und Catering. Auf entsprechende Beschwerden an Energie Cottbus reagiert der Verein, indem es das erst kürzlich installierte Fanprojekt reagieren lässt.

Die Jungs und das eine Mädel müssen aber auch erst lernen, dass sie nicht für den Verein sondern für die Fans arbeiten. Und auch mit der für sie vom Verein bestellten Betreuung hat die Fanszene so ihr Päckchen zu tragen. Der offizielle Fanbeauftragte des Vereins, der Autohausbesitzer Gerhard Kaiser, zeichnet sich nach Ansicht der Fanszene nämlich eher durch eine ausgeprägte Nähe zu den eigenen Geschäftspartnern im VIP-Raum aus, denn durch Arbeit mit und am Fan, geschweige denn, dass konkrete Angebote für die Fanszene sichtbar werden. Bei Problemen hört man aus Fanbeauftragtenmunde vielmehr, dass dies ja gar nicht die Fans des Vereins seien. Vermutlich meint er seine VIPs und nicht die Fans.

Am Ende der Saison greift Energie noch einmal in den Aufstiegskampf ein. Ein 2:2 im letzten Heimspiel gegen Gütersloh beschert dem 1. FC Nürnberg den Aufstieg in die erste Liga, so dass es am letzten Spieltag in Nürnberg zu Verbrüderungsszenen auf dem Rasen des Frankenstadions kommt. Tiefgründige Freundschaften entstehen daraus jedoch nicht. „Detlef Irrgang Fußballgott" schießt zum Abschluss alle drei Energietore beim 3:3. Und während Energie souverän die Klasse hält, nehmen sich im Keller die anderen drei Ostmannschaften Jena, Zwickau und Leipzig gegenseitig die Punkte weg und steigen allesamt ab, gemeinsam mit dem Schlusslicht SV Meppen. Rostock in Liga 1, Energie in Liga 2 – das ist der Rest vom Schützenfest sieben Jahre nach der Zusammenführung der beiden deutschen Fußballverbände.

Bonbon-Aleks rettet Energie

Saison 1998/99

Das zweite Jahr ist immer das Schwerste. Diese alte Fußballerweisheit gilt auch für den FC Energie Cottbus im Profifußball. Dabei wird die Mannschaft in der Sommerpause ordentlich verstärkt. Es tauchen erstmals Namen auf, die in der späteren Vereinsgeschichte für große sportliche Erfolge stehen. Allerdings dauert es so seine Zeit, bis sich Piplica, Miriuta, Vata, Heidrich, Franklin und Co. zusammenfinden, nämlich ziemlich genau bis zum Saisonende. Recht solide gestartet, den Bundesligaabsteiger aus Karlsruhe sogar mit 4:0 nach Hause geschickt, bedeutet eine 2:3-Heimniederlage gegen den 1. FC Köln nach 2:0-Führung den Knackpunkt der Saison. Davon erholen sich die rot-weißen Kicker lange nicht. Gegen den KSC wird im Übrigen ein Fanspiel auf dem Kunstrasenplatz bestritten (und verloren), aber auch ein Rückspiel etwa eineinhalb Jahre später bringt keine tiefgründigen Kontakte der Fanszenen. Die Saison über dümpelt Energie immer am Rande der Abstiegszone herum. Auf den Rängen wird langsam ein Phänomen deutlich: je weniger Zuschauer im Stadion, desto besser ist der Support. Vor allem die arroganten lila-weißen Charlottenburger können davon ein Lied singen. Vom Hans-Meiser-Team inszeniert, versammeln sich zwischen fünfzig und hundert Fans aus verschiedenen Fanclubs auf der Haupttribüne und peitschen unentwegt ihre Mannschaft nach vorn. Es soll nicht vergebens sein, in den letzten fünf Minuten egalisiert die Mannschaft noch einen 0:2-Rückstand. Selbiges gelingt gegen Bielefeld nicht, doch machen die Fans in diesem Spiel mit einer Choreographie auf sich aufmerksam, die es so in Cottbus nie wieder geben sollte. Die Nordkurve wird mittels Papptafeln in die Vereinsfarben getaucht, davor werden im Innenraum kontrolliert bengalische Lichter entfacht. Ein toller Anblick. Die örtlichen Behörden haben es genehmigt, der DFB schickt trotzdem einen Strafbefehl in die Lausitz. Ich selbst kenne den Anblick leider nur von Fotos, denn dem lokalen Ordnungsamt gefällt die Herausgabe und der Verkauf meines Fanmagazins dermaßen, dass es Bedarf an einer Diskussion über eine Gewerbekarte anmeldet und mich somit am pünktlichen Stadionbesuch hindert. Zudem entsorgen die Ordner bereits gekaufte Exemplare auf angebliche Anweisung des Vereins in die Tonne! Da werden wohl nicht immer dem Verein genehme Meinungen verbreitet. Das Hans-Meiser-Team hat mit seinem

Heftchen dasselbe Problem, kann dies jedoch im Nachgang im Sinne aller Beteiligten lösen.

Trotz der wenig glorreichen sportlichen Situation und der Tatsache, dass auch die Fanszene nicht in absoluter Euphorie der Truppe hinterherreist, haben die wenigen Getreuen wieder jede Menge Spaß zusammen. Das Fanprojekt organisiert mittlerweile im Sinne der Fanszene Busse und Kleinbusse zu den Auswärtsspielen und so versammeln sich dreißig Mann an einem trüben Sonntag im November 1998, um sich auf den Weg nach Gütersloh zu machen. Die Betriebssportgemeinschaft Miele/Bertelsmann kämpft nach dem knapp verpassten Aufstieg in dieser Saison um den Klassenerhalt und wird in diesem Kampf zum Ende der Saison der schärfste Rivale für Energie sein. Lothar Kühn von der gleichnamigen Lampenbude in der Innenstadt stellt einen 30er Bus zur Verfügung, der im hinteren Bereich schön mit Tisch ausgestattet ist. Die Reisegesellschaft ist bunt gemischt und bester Laune, als nach nur einer halben Stunde Fahrzeit kurz vor Lübbenau die beiden Brüder Holger und Hagen Schneider die Verkleidung der Sitzbeleuchtung und Belüftung in der Hand halten. Das Bier fließt in Strömen und alles ist gut, als wir am Heidewald-Stadion ankommen. Die Kontrollen auch mittels Spürhund können nicht verhindern, dass auf einmal mehr Nebel als gewöhnlich aus der Imbissbude aufsteigt. Das 1:1, welches der Fußballgott kurz vor dem Ende erzielt, wird im Bus mit fliegenden, vollen Bierdosen gefeiert. Glasschaden kann mit etwas Glück verhindert werden, die Lüftung hätten wir sonst auch nicht mehr gebraucht. Der Bus wird nach Ankunft in Cottbus sauber und instandgesetzt wieder verlassen.

Uerdingen steht an einem Freitagabend kurz vor Weihnachten auf dem Spielplan, in Deutschland herrschen Kälte und Glätte und so schlittert der Renault-Kleinbus des Fanprojekts sehr zeitig über die spiegelglatte Autobahn. Daher sind wird auch viel zu früh in Krefeld, wo sogar noch die Stadiontore offenstehen. Auf dem Spielfeld ist noch nichts gemacht, also fangen die Energiefans – es werden im Verlaufe des Abends handverlesene 37 sein – schon einmal an, die Strafräume freizulegen und bauen nebenbei einen Schneemann auf dem Anstoßpunkt. Der bekommt vom Schiedsrichter bereits vor Anpfiff den roten Karton gezeigt, darf aber gnädigerweise das grauenhafte 0:0 neben der Trainerbank stehend mitverfolgen. Aus dem Gästeblock klingt es: „Ede Geyer, wann wirst Du aktiv?“, derweil sich wieder einmal orangefarbener Rauch breit macht, was die Staatsmacht zu einer 37-fachen Intensivkontrolle veranlasst.

Diese Rauchdosen stammen Gerüchten zufolge aus alten Armeebeständen und sind etwa doppelt so dick wie normale Bierdosen. Da ist es nur logisch, dass den Leuten in den Schritt gegriffen wird. Gefunden wird nichts und die Leute schlittern in eine ungewisse Winterpause wieder nach Hause. Nach selbiger verpasst es Energie immer wieder, nach einem Erfolgserlebnis nachzulegen und unnötige Punktverluste tun ihr Übriges. An einem Freitagabend in Karlsruhe wittern die mitgereisten Fans Beschiss, als dem KSC nach spätem Ausgleich durch Irre noch ein unberechtigter Elfmeter zugeschoben wird. Mittlerweile ist man selbst aber auch schon so bekloppt, dass am Vortag in der Berufsschule gleich vier Klausuren hintereinander geschrieben werden, nur um am Freitag ans andere Ende der Republik gondeln zu können. Der für die Führung der Anwesenheitsliste im Klassenbuch Verantwortliche darf zum Glück im eigenen Spiegel betrachtet werden. Zum Ende der Saison wird es noch mal richtig spannend. Nach einer 1:3-Niederlage am 31. Spieltag bei Rot-Weiß Oberhausen steht Energie am Rande des Abstiegs, die Geyer-Elf hat es nicht mehr selbst in der Hand. Schützenhilfe verspricht nach dem Spiel Bonbon-Aleks Ristic, der mit RWO noch um den Aufstieg kämpft. Am Ende hält er Wort, RWO gewinnt in Gütersloh und Energie beginnt drei Spieltage vor Saisonende auch mit dem Gewinnen. Nach einem 2:0 Heimsieg gegen Fortuna Köln und einem 3:0 in Düsseldorf ist der Klassenerhalt perfekt. Etwa 1.000 Energie-Fans strömen zur Feier auf den Rasen des Rheinstadions. Dass die Einheimischen aufgrund des eigenen Abstiegs nicht gerade begeistert sind, wird geflissentlich ignoriert. Zum Abschluss wird der KFC Uerdingen mit 5:0 in die dritte Liga verabschiedet und eine schwierige Saison erfolgreich zu Ende gebracht.

Eine entscheidende Niederlage zum Aufstieg

Saison 1999/2000

Trotz diverser Probleme mit dem Klassenerhalt, bleibt der Kader im Großen und Ganzen unverändert. Es kommen lediglich einige Spieler hinzu, welche alle entweder einen ostdeutschen Hintergrund haben oder osteuropäische Wurzeln. Mit derlei Spielertypen und ihrer Mentalität kommt auch der autoritäre Trainertyp Geyer sehr gut klar – und umgekehrt. Erfolg gibt jedem Trainer Recht. Und Geyer hat Erfolg. Ein lupenreiner Start mit vier Siegen ohne Gegentor in den ersten fünf Spielen lässt Energie oben stehen und die Fans frohlocken. Diese kommen aber erst einmal mit der unangenehmen Seite der Öffentlichkeit in Berührung. Zum 4:2-Sieg beim VfL Bochum machen sich neben einem Bus und diversen PKW über siebzig Fans mit dem Zug auf die Reise und fühlen sich den ganzen Tag durch das Unternehmen Zukunft veräppelt. Als sie nach diversen „Lokschäden" sowie versprochenen und trotzdem verpassten Anschlüssen im westfälischen Hamm einfach abgekoppelt werden, steigen sie aus und laufen los. Das Spiel in Bochum läuft da schon längst. Dabei sollen die Jungs in einer Kneipe nicht ganz zimperlich mit dem Mobiliar umgegangen sein, was einen Polizeieinsatz und die Übernachtung in einer gefliesten Zelle zur Folge hatte. Das seriöse Medium mit vier den Großbuchstaben lässt sich eine derartige Gelegenheit nicht entgehen und zieht am Tag darauf über den Pöbel von Cottbus her. Auf dem abgedruckten Foto darf der eigene Bruder bewundert werden. Angeblich wäre in der Kneipe alles kurz und klein geschlagen worden und ein Bus soll ebenfalls gekapert und demoliert worden sein. „Präsident Dieter Krein (56) will den Chaoten zu Hause sogar Stadion-Verbot erteilen", weiß BILD am 18.10.1999, während Klaus Stabach sich dahingehend zitieren lässt, dass das alles Idioten seien. Als die Delinquenten am Sonntagabend auf Gleis 1 des Cottbuser Bahnhofs aufschlagen, stehen da nicht nur Verwandte und Bekannte, sondern auch jede Menge Polizei und Presse. Der Fanbeauftragte Kaiser erklärt wieder, dass das keine Fans seien. Stadionverbote oder gar strafrechtliche Folgen gibt es, wen wundert es, am Ende nicht. Den Bruder kann man mit Muttern dank Ortskenntnis über einen Hinterausgang wegschleusen, ohne dabei von den wartenden Medienhorden auf Zelluloid gebannt zu werden. Das Fanprojekt hat derweil verkündet, dass es eigentlich Aufgabe der Fans selbst wäre, Busse zu den Spielen zu organisieren. Das ist zwar auf den ersten

Blick etwas irritierend, am Ende kann es aber doch nicht so schwer sein, einen Bus zu bestellen, fünfzig Leute zusammen zu sammeln und den Fahrpreis zu kassieren. Gesagt, getan und das dann die folgenden fast sechzehn Jahre lang.

Den ersten selbst gecharterten Bus honoriert die Mannschaft mit einem 2:2 am alten Bökelberg: das Ding kannste nur im nüchternen Zustand unfallfrei besuchen, steile Traversen und bröckelnder Putz allenthalben. Fußball! Ein Auswärtsspiel vorher darf die rot-weiße Gemeinde aber noch einen absoluten Höhepunkt erleben – auswärts bei TB. Die komplette Gegengerade ist mit Lausitzer Schlachtenbummlern belegt, als Uwe Rösler den verdienten Führungstreffer für TB mit reichlich unsportlicher Gestik feiert und das ausgerechnet vor dem Gästesektor. So bekommt er neben auf dem Zaun hängendem Pöbel und reichlich Schimpfwörtern auch einige Feuerzeuge und Münzen geschenkt und ist selbst derart überdreht, dass er erst einen Elfmeter verschießt und dann nach einer Tätlichkeit vom Schiri den Weg zur Dusche aufgetragen bekommt – hoffentlich war das Wasser angenehm kühl. In der Folge vergibt TB in Unterzahl viele Chancen und ein Cottbuser Abwehrspieler wehrt einen Angriff zielsicher ans eigene Lattenkreuz ab, ehe die Schlussphase anbricht. Moussa Latoundji, die schwarze Perle aus dem Benin, erzielt den Ausgleich für Cottbus. Dann kommt der Turban-Mann Beeck und knallt den Ball nach Ecke mit dem Kopf und voller Wucht ins linke und damit ins richtige Tor. Die Zäune des halben Stadions sind belegt von begeistertem rot-weißen Anhang, eine astreine Jubelarie nimmt ihren Lauf und wird vom 3:1 in der letzten Minute durch Vasile Miriuta gekrönt. Die arroganten Hauptstadtnasen mittels Kampf, Einsatz und Leidenschaft niedergerungen – dem Trainer gefällt's. Dem Präsidenten von Fortuna Köln nicht, er spricht leicht despektierlich von einer Schweinemannschaft, welche sich am ersten Spieltag nach der Winterpause im Südstadion des Karnevals die Ehre geben würde. Am Ende steigt die Fortuna ab, obwohl Energie sogar noch Aufbauhilfe West gibt und alle Punkte in Köln liegen lässt. Die wird auch noch anderswo geleistet, so darf sich unter anderem der Tabellenletzte aus Karlsruhe über drei Osterpunkte freuen: wir sind da nicht so und gehen in Baden baden. Richtig schön wird es allerdings an einem Montagabend in Chemnitz, als Franklin vor dem Gästeblock in letzter Sekunde den 2:1-Auswärtssieg sichern kann. Ein total enthemmter Torpogo der oberkörperfreien Masse ist die Folge. Ein Spalt zwischen zwei Zaunfahnen genau hinter der Torlinie lässt um 22:00 Uhr einen exklusiven Fernsehblick auf den ersten Zaunkletterer zu und es darf die Person aus dem eigenen Spiegel erkannt werden. Der Blick nach hinten in den Block eine einzige Augenweide, in diesem Moment ist dem Energiefan bewusst, dass in dieser Saison wieder mal etwas ganz Großes möglich sein kann. Im Gästesektor hängen die nackten Leiber noch eine halbe Stunde nach dem Spiel auf den Zäunen, ehe die Ordner zum Feierabend drängen. Die Party geht mit den neuesten Partyhits in den Bussen weiter, wo Anton aus Tirol drei weiße Tauben immer wieder saufen, saufen, saufen lässt. Heiser tritt man am nächsten Morgen wieder auf Arbeit an. Aber glücklich. Es fehlt letztlich nur noch eine entscheidende Niederlage und diese kassiert Energie am 30. Spieltag auf einen Freitagabend am alten Aachener Tivoli. Hier erweisen sich die heimischen Fans als besonders ossifreundlich, hier sind die Maueraufbaugesänge besonders laut, die Atmosphäre besonders aggressiv, hier würgt der Trainer auch mal einen Spieler der Gäste, welcher zum Dank vom Schiedsrichter des Feldes verwiesen wird. Vielleicht liegt es ja auch an den schwarz-gelben Vereinsfarben? Energie fühlt sich jedenfalls massiv benachteiligt, verliert in doppelter Unterzahl kurz vor Toresschluss und wird daraufhin besonders trotzig. Die folgenden drei Spiele werden alle mit einem Tor Unterschied gewonnen und in der Woche vor dem letzten Spieltag gegen den 1. FC Köln ist in der Stadt die Hölle los. Wieder ist auf einmal jeder schon immer Fan gewesen, am Stadion stehen die Menschen bis auf die Treppe über die Eisenbahnlinie, um Tickets zu ergattern. Zum Glück behält Annette Petatz im Fanshop für die Treuesten der Treuen den Überblick und verschafft somit auch meiner Wenigkeit eine Zutrittsberechtigung. Die Kölner sind schon durch und der ärgste Verfolger von Energie ist ausgerechnet deren Erzfeind aus Mönchengladbach. Mit dem 1:0 durch den Fußballgott Detlef Irrgang höchstpersönlich ist die Messe im Grunde genommen gelesen. Am Ende verwechseln auf den Platz stürmende Kölner einen Abstoßpfiff des Schiedsrichters mit dem Schlusspfiff. Ede Geyer himself erklärt den Gästen ihren Irrtum, ehe der Unparteiische nach dem folgenden Abschlag die Party eröffnet, in deren Folge Torpfosten und Werbebanden in Ströbitzer Fankeller wandern. Drei Jahre hat Energie in der DDR-Oberliga gespielt. Drei Jahre ist Energie in der NOFV-Oberliga herum gedümpelt. Drei Jahre hat sich Energie in der Regionalliga weiter entwickelt. Drei Jahre ist Energie durch die 2. Liga gezogen. Ein Tor von Detlef Irrgang und eines von Vasile Miriuta öffnen nun das zum Fußballhimmel für die Lausitz. Ralf Lempke, mittlerweile als Marketingchef des Vereins angestellt, erklärt den Erfolg: „Wir haben uns als Verein langsam entwickelt, immer schön step by step. Wir haben uns organisatorisch, sportlich, auf der Geschäftsstelle nach und nach verbessert. Viele Vereine gerade aus dem Osten wollten nach der Wende einfach zu viel. Und sind dann abgestürzt. Für Energie war es ein Vorteil, dass wir nach der Wende am Abgrund gestanden haben. Keiner hat sich für uns interessiert, keiner hat Luftschlösser gebaut und wir konnten in Ruhe arbeiten." Der Lohn dafür ist der Aufstieg in die 1. Liga. Energie Cottbus ist der 48. Verein der Fußball-Bundesliga!

Drei Jahre Bundesliga (2000 – 2003)

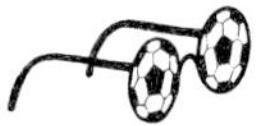

Saison 2000/01

Eine ganze Region befindet sich in Aufruhr. Energie Cottbus spielt in der 1. Bundesliga, so richtig begreifen kann das keiner. Aber die erste Dauerkarte muss bestellt werden, schließlich ist damit zu rechnen, dass jedes Heimspiel ausverkauft ist – wo doch das Stadion der Freundschaft gerade mal 22.450 Plätze fasst. Der Marketing-Cheffe Ralf Lempke gibt Ende Juli in der Berliner Zeitung bekannt, dass er dreimal mehr Sitzplätze hätte verkaufen können als vorhanden. Am Ende rechnet er mit 14.000 bis 15.000 Dauerkarten. Die Rechnung geht jedoch nicht auf, die Lausitzer sind eben ein komisches Völkchen. Die Bilanz am Ende der Saison verzeichnet genau ein ausverkauftes Heimspiel, das gegen die Bayern. Bevor es jedoch soweit ist, vergeht noch ein wenig Zeit. Zunächst darf ein Kader mit sechzehn Neuen und fünfzehn Abgängen Lehrgeld bezahlen. Die meisten Spieler sind Osteuropäer, die für relativ wenig Geld über Energie ihren Weg in die 1. Liga suchen, ein erfolgreiches Modell für den Verein. Die ersten drei Spiele gehen jedoch schlicht und ergreifend verloren, wobei die Fans wenigstens im ersten Spiel schon einmal einen Vorgeschmack auf spätere Erfolgserlebnisse erhaschen dürfen. Vasile Miriuta dreht einen Freistoß zur Führung ins Netz. Das wird in dieser Saison noch öfter passieren. Trotzdem stehen null Punkte und 1:10 Tore auf dem Konto, als an einem Mittwochmorgen um sieben Uhr früh, direkt vom Auswärtsspiel in Schalke kommend, der Gang unter die Dusche und danach zur Arbeit angetreten wird. Heiserkeit inklusive, und einige Rot-Weiße hatten am Abend zuvor auch noch das Vergnügen die Bekanntschaft blau-weißen Proletenvolks zu machen, das sich im Austausch nonverbaler Argumente üben wollte. Die Eintracht aus Frankfurt durfte dann als erster Punktelieferant herhalten und wurde ohne Gegen- aber mit zwei selbst erzielten Toren wieder zurück an den Main geschickt. Die Energie braucht aber noch etwas Zeit, um sich in der ersten Liga zurechtzufinden. Erst Otto Rehhagel rutscht auf nassem Geläuf aus und wird als Trainer in Kaiserslautern entlassen, nachdem seine Spieler sich mit einem 1:1 gegen Energie ebenfalls einen Ausrutscher erlaubt haben. Dann kommen – vier Jahre nach dem Freundschaftsspiel – die Bayern wieder nach Cottbus. Drei Jahre zuvor, nach dem Zweitligaaufstieg, hatte das Hans-Meiser-Team im Fanzine „Mach den Stier" orakelt: „Von daher scheint Stabachs neuer

3-Jahres-Plan nicht unrealistisch zu sein. In drei Jahren 1. Liga. Welch ein schöner, neuer Traum: Im Jahr 2000 ziehen wir im Punktspiel den Bayern die Lederhosen aus!" Wir schreiben den 14. Oktober 2000, es läuft die 15. Spielminute: Vilmos Sebök, ungarischer Neuzugang, vom Mannschaftskollegen Christian Beeck in einem Interview für den „Gurkensalat" Nr. 5 unter vier Augen auch als leicht phlegmatischer Zeitgenosse bezeichnet, schießt den Tabellenletzten gegen den Tabellenführer in Front. Er schießt das goldene Tor. „Zieht den Bayern die Lederhosen aus!" wird mit Endstand 1:0 in die Tat umgesetzt. (Ob das Hans-Meiser-Team Lotto spielt, ist nicht überliefert.) Dennoch steht die Geyersche Truppe am Ende der Hinrunde auf dem untersten Abstiegsrang. Die Energiefans zeigen sich im Verlauf der Saison sehr reisefreudig, zu fast jedem Spiel sind mehrere durch die Fanszene organisierte Busse unterwegs und bringen ostdeutsche Sicherheitsrisiken in die fremden Stadien, zumindest stufen die gastgebenden Vereine und die örtlichen Behörden die Spiele gegen Energie meist als Sicherheitsspiele ein. Gleich eine zweistellige Anzahl an 50er Großraumgefährten gondelt am ersten Spieltag nach der Winterpause ins Westfalenstadion, für allein sechs davon übernimmt der Schreiberling die Verantwortung. Leichtsinn? Überschwang? Naivität? Bekloppt? Energie! Ein Gefährt von diesen sechs fühlt sich wie im sibirischen Winter, jedenfalls werden russische Spirituosen, russisches Bier, Russisch Brot, Krimskoje Sekt und – stilecht – „Nu pagadi!"-Videos besorgt, dazu russische Kopfbedeckungen aus den Schränken gekramt. Die Soundanlage reißt leider schon nach wenigen Minuten die Hufe hoch, während die russischen Getränke weiterhin die Rachen der Reisenden hinabfließen. Dem Busfahrer gefällt es, er verfehlt die Autobahnabfahrt und rangiert daraufhin rückwärts zur Ausfahrt zurück. Herrlich! Die Polizei ist reichlich gestresst und verbietet es, aus dem Bus die vergessene Jacke zu holen. So steht man dann bei Temperaturen um den Gefrierpunkt im dünnen Hemd im Gästeblock, die Ordner sind auch eher nervig, die einstigen Sympathien für den BVB werden an diesem Tage ganz tief in der Kiste der Erinnerungen begraben. Dafür liefert der Busfahrer noch ein weiteres Meisterstück fehlender Kompetenz. In Zeiten ohne elektronisches Kartenmaterial folgt er einfach statt der Ausschilderung dem Mannschaftsbus und wundert sich, dass am Flughafen Dortmund die Einfahrtschranke für ihn geschlossen bleibt. An der letzten Kreuzung vor dem heimischen Bahnhof bekommen die Reisenden eine letzte

Darbietung seiner fahrerischen Unzulänglichkeiten, als er auf der falschen Seite an der Mittelinsel vorbeifährt.

Sportlich wandeln die Jünger „Eduardos“ fast ausschließlich auf Abstiegsplätzen, da hilft auch kein glorreicher Sieg in Leverkusen mit einem Grasnarben-Flugkopfball-Tor von Antun Labak aus siebzehn Metern Entfernung, da hilft auch kein glattes 3:0 gegen die abgetakelte Dame aus der Hauptstadt, da hilft kein deutlicher Erfolg gegen Schalke 04. Nach einem 0:1 bei Hansa Rostock am drittletzten Spieltag deuten alle Zeichen auf das Ende des Ausfluges in die erste Liga hin. Nur zwei Siege aus den letzten beiden Spielen halten Chancen auf den Klassenerhalt offen. Noch im Stau auf der Heimfahrt aus Rostock wird der Mannschaft von den Fans Mut zugesprochen, und los geht's. Erste Minute gegen den HSV, erste Ecke Miriuta von rechts, Kopfball Hujdurovic – erstes Tor für Energie. Eine osteuropäische Koproduktion. Das Stadion kocht über, ein Hexenkessel, dem der HSV nicht gewachsen ist – Energie fährt nach einem 4:2-Sieg mit einem Punkt Vorsprung auf den Abstiegskandidaten Unterhaching nach München zu den Löwen und ist damit indirekt beteiligt am spannendsten Meisterschaftsfinale der Bundesliga.

Über 6.000 Rot-Weiße unter nicht einmal 30.000 Besuchern im Olympiastadion zu München verwandeln das Auswärtsspiel gegen Sechzig in ein Heimspiel. Am Abend vorher hatte man noch etwas Zerstreuung im pyrotechnisch ausgeschmückten Babelsberger Karli gesucht, aber so richtig Abschalten war einfach nicht drin. Reichlich nervös stiegen die Fans in die Busse, drei weiße Tauben, die alles zuscheißen und lieber saufen, saufen, saufen, sind auch mit an Bord. Schalke tut Energie dann anfangs keinen Gefallen und liegt gegen Haching zurück, zu diesem Zeitpunkt wäre Energie abgestiegen. Doch nur bis zur 25. Minute, Antun Labak, der Pistolero, trifft! Osteuropa-Produktion! „Er ist so schön, er ist so toll!“ – die Südkurve, wo normalerweise die Bayernfans ihre Derbysiege gegen die Löwen feiern, dreht vollkommen ab, die restliche Spielzeit ist erst ein Hoffen und Bangen, später

Der FC Bayern hatte vor dem letzten Spieltag drei Punkte Vorsprung vor Schalke 04, aber mit schlechterer Tordifferenz, und benötigte daher – bei einem vorausgesetzten Sieg der Schalker gegen den aktuellen Abstiegskandidaten SpVgg Unterhaching – mindestens ein Unentschieden beim Hamburger SV. Hätte Unterhaching gegen Schalke gewonnen, wäre nicht nur der FC Bayern automatisch Meister gewesen, sondern Energie Cottbus hätte das letzte Spiel gewinnen müssen, um nicht abzusteigen.

jedoch eine einzige Feiertraube. Schalke schießt gegen Haching einen 5:3-Sieg heraus und wird am Ende nicht Meister, weil Bayern eben in Hamburg noch ein Tor schießt.

Nachdem Schalke zunächst mit 0:2 zurückgelegen hatte und Unterhaching nach zwischenzeitlichem Ausgleich wieder mit 2:3 in Führung ging, siegten die Schalker am Ende mit 5:3. Bei der Partie des HSV gegen Bayern München fiel in der 90. Minute das 1:0 durch Sergej Barbarez für Hamburg. In der vierten Minute der Nachspielzeit schoss Patrik Andersson den von Stefan Effenberg vorgelegten Ball ins Tor. 1:1 – Bayern war Meister.

Deutschland feiert in rot und weiß, Bayern die Meisterschaft, Energie den Klassenerhalt. Unterwegs klopfen wir an jeder Tür an, doch keiner kennt den Weg nach Unterhaching. Die folgenden Klassenerhaltszelebrationen im Spreeauenpark werden gemütlich mit dem Firmenchef des Busunternehmens Thönes-Reisen und zwei, drei, sieben, fünf Bierchen begangen. Einer jedoch fehlt auf den Plätzen, die die Welt bedeuten – „Detlef Irrgang Fußballgott". Geyer hatte Irre nach dem Aufstieg an dessen Geburtstag versprochen, dass er seinen Erstligaeinsatz bekommt, doch Pustekuchen. Irre berichtet im Interview mit Matthias Koch, dass er, aus dem Urlaub kommend, von Krein und Stabach vor vollendete Tatsachen gestellt wurde und fortan nur noch in der Marketingabteilung des Vereins arbeiten sollte. Einen würdigen Abschied auf dem Rasen bekommt der Fußballgott nicht. Aus dem Job in der Marketingabteilung wechselt Irrgang später auf den Posten des Mannschaftsleiters, wo er sich den einen oder anderen Fauxpas leistet. Zu einem Spiel nach Rostock liegt nur ein Trikotsatz im Mannschaftsbus und zwar der falsche. Energie muss mit Rostocker Jerseys, Turnhosen, Stutzen und Leibchen spielen und am Ende noch Schadensersatz nach Rostock überweisen. Einige Spieler haben erst einmal nordisch unterkühlt das Hansa-Emblem aus der Turnhose geschnitten. Die Jungs haben mal Humor. Schlussendlich finden sich der Fußballgott und der Verein im Gerichtssaal des Arbeitsgerichtes wieder. Dort gelingt „Ein Sieg, über den Irrgang sich nicht freut." (Lausitzer Rundschau vom 9. Oktober 2008) Wegen am Ende noch vier fehlender Trikots eines gewissen Papadopoulos wird ihm vom Verein gekündigt. Heute kickt Irre in der Altherrenmannschaft der SG Kiekebusch/Groß-Gaglow.

Energie beginnt das zweite Jahr in der ersten Bundesliga stark, nach einem 3:2-Auswärtssieg im Berliner Olympiastadion steht Rang drei zu Buche. Vragel da Silva, Andrzej Kobylanski und Brasilia sorgen für hüpfende Herzen in der Marathonkurve des umgebauten Westberliner Stadions. Höher geht es jedoch nie wieder hinaus. Auch weil in der Folge bis zur Winterpause genau null Siege auf das Konto von Energie wandern. Dafür sorgt Geyer aber ausgerechnet vor dem Spiel gegen St. Pauli für Aufsehen mit einem Vergleich der Arbeitsmoral seiner Spieler mit jener der auf der Reeperbahn tätigen Rotlichtmiezen. Eine weitere Motivationsspritze brauchen die Hamburger Spieler nicht und fertigen Energie mal eben mit 4:0 ab, ihr einziger Sieg bis Weihnachten überhaupt. Stabach schaut sich die Schmach nur bis zehn Minuten vor Ende an und diktiert den Journalisten im Nachgang in die Stammbücher: „Zumutung, Frechheit, die (Spieler) haben für diese Einstellung keine Mark verdient!“ Es ist nicht der einzige flotte Spruch, den Stabach und Krein raushauen. Da wird auch Bayerns Führungsriege mal als „Sabbelköppe“ tituliert. Ede Geyer schlägt derweil eine Einladung bei einer Rotlichtmieze zum Kaffeekränzchen aus. Energie kassiert sechs Niederlagen am Stück und als Gegenleistung für die auf dem Rasen nicht erbrachte dürfen die Profis die Fanbusse zu den beiden Auswärtsspielen in Freiburg und Mönchengladbach bezahlen. Energie überwintert auf Platz 16, punktgleich mit dem ersten Nichtabstiegsplatz. Aus achtzehn Spielen werden lediglich vierzehn Zähler geholt, unbefriedigend. Nebenbei greift Christian Beeck noch den Award für den „Unfairsten Spieler der Liga“ ab, ermittelt vom Fußballmagazin kicker bei einer Umfrage unter allen Spielern. Grund dafür ist eine Aktion gegen Viktor Agali von Hansa Rostock, als sich dessen Bein auf einmal unter dem Stollen des Herrn Beeck wiederfindet. Agali windet sich, um kurz darauf wieder wie Bambi übers Feld zu hirschen. Beeck wird für sieben Spiele gesperrt. So trostlos die erste Halbserie war, so spektakulär wird die Rückrunde! Bremen, Hertha, Rostock, Schalke, St. Pauli, Freiburg – sechs Heimspiele, sechs Heimsiege. Nürnberg, Wolfsburg, Bayern, Leverkusen, Dortmund – fünf Auswärtsspiele, fünf teils deutliche Klatschen. Aber wenigstens verschießt Olli Kahn gegen Piplica beim Stand von 6:0 einen Elfmeter. Apropos Piplica: der taucht nach der Saison in jedem Rückblick auf. Sein Kopfballeigentor gegen Gladbach wäre einfach zu köstlich, wenn der Junge nicht ausgerechnet bei Energie spielen würde. Mit dem mehrmaligen „Raab der Woche“ bekommt der Pirat aus Bugojno in Bosnien seine verdiente Würdigung für so viel Unterhaltung. Davon kann zum Ende der Saison auf den Rängen nämlich nicht mehr die Rede sein. Es ist das Heimspiel gegen Hertha BSC, deren Anhänger schon in der letzten Saison mittels Leuchtstab-Weitwurf für allerhand Aufruhr gesorgt haben. Dieses Schauspiel soll sich an diesem Dienstagabend auch noch unter Flutlicht wiederholen. Mit dem feinen Unterschied, dass sich an diesem Tage auch die Energiefans nicht lumpen lassen. Eine Blockfahne zeigt brennende hauptstädtische Wahrzeichen – und wird von den Behörden nicht genehmigt. Daraufhin wird die Hertha-Einlage mit dem eigenen Pyroarsenal gekontert und der Platz vor dem Fanblock bekommt einige Brandflecken. Der Schiri unterbricht und die Ordner führen schnell einige vermeintliche Täter ab. Diesmal ist es an Krein, verbal auf den Putz zu hauen: „Am liebsten hätte ich diese Rotznasen selbst rausgeprügelt“, zitiert die seriöse Vierbuchstaben-Presse den Präsidenten am folgenden Tag. Ein benachbartes Foto zeigt den „Brand im Energie-Block“, kurz bevor „die Bosse Krein und Stabach zur ‚Lösch-Aktion‘“ stürmen. Im Fernsehinterview mit Premiere sprich Krein sogar von „entarteten Fans“. In derlei aufgeputschter Atmosphäre siegt Energie 1:0, die Bosse greifen durch: Inferno Cottbus und die Senfgurkenmafia dürfen ihre Fahnen nicht mehr aufhängen und ihre Symbole nicht mehr zeigen. Während die Senfgurken recht schnell rehabilitiert werden, gilt das Erscheinungsverbot für das Inferno Cottbus bis heute. Spaß sieht aber tatsächlich anders aus, und den bringt lediglich noch eine DDR-Mottofahrt auf den Betzenberg am vorletzten Spieltag, die durch ein glattes 0:4 veredelt wird. Da war der Klassenerhalt jedoch schon in trockenen Tüchern, diesen sichern sich die Geyer-Jungs bereits am 31. Spieltag mit einem 0:0 beim VfB Stuttgart. Ergo bildet eine 2:3-Heimniederlage gegen den 1. FC Köln das unspektakuläre Ende einer vor allem in der Rückrunde überzeugenden sportlichen Saison. Erstmals in seiner Geschichte ist Energie Meister aller Klassen, aller DDR-Klassen. Die direkten Duelle gegen Rostock werden mit 0:0 und 3:0 entschieden und am Ende rangiert Energie einen Platz über den Südschweden. Gefeiert wird das – nicht!

Saison 2002/03

In der dritten Erstligasaison soll es dann sportlich bergauf gehen. Bekannte Spieler wie z.B. Andrzej Juskowiak oder Paolo Rink werden verpflichtet. Aber es läuft trotzdem nicht. Ein 0:5 in Bochum

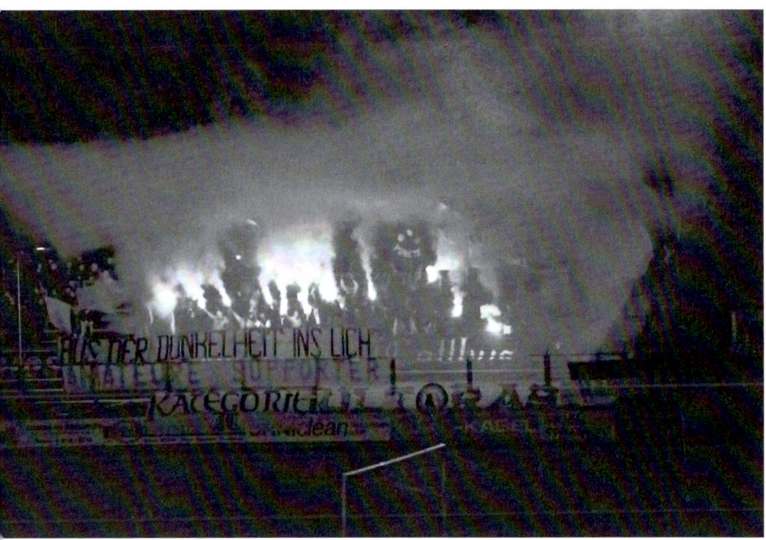

Pyroshow von Inferno Cottbus bei einem Auswärtsspiel der Amateure in Plauen.

und ein 0:4 gegen Hansa Rostock lassen frühzeitig die Alarmglocken schrillen. Auf den Rängen herrscht weiterhin Tristesse, die Ultrafans toben sich lieber bei den Amateuren aus und zeigen dort ihre kreative Ader. Sie lassen Sebastian Nuhs, André Thoms und Thomas Neubert hochleben, die unter Trainer Jürgen Meseck sympathisch auftreten und dafür auch mal an einem Freitagabend mit siebzig Mann in Plauen unterstützt werden.

Sebastian Nuhs schwärmt noch heute von dem schönen Einsatz an Leuchtstäben und erklärt, dass diese geile Stimmung dort den Spielern noch einmal richtig Feuern unterm Hintern gemacht hätte, im wahrsten Sinne des Wortes. Dem Verein bleibt natürlich nicht verborgen, dass die hartgesottenen Fans bei den Amateuren ihre Kreativität ausleben und bei den Profis die Stimmung im Stadion quasi tot ist. Dazu kommt die bescheidene sportliche Situation: nach zwölf Spieltagen steht nur ein Sieg in Hannover zu Buche. Die aktive Fanszene versammelt sich in dieser Saison in der Nordkurve, weil die Eichen hinter der Gegengerade gefällt werden für eine neue doppelstöckige Tribüne. Die Stadt baut mit Fördergeldern aus einem deutsch-polnischen-Fördertopf, damit verliert das Stadion eines seiner charakteristischen Merkmale. Für den Neubau der Tribüne hatte sich vor allem eine Initiative stark gemacht, deren Mitglieder sich auf der Pinwand der vereinseigenen Homepage zusammen gefunden hatten und mit dem Motto „Wir wollen auch ein

Dach" auftrumpften. Thomas Grube, der nach der Wende bei einer kleinen Cottbuser Internetfirma arbeitete, hatte als Fan die erste Vereinshomepage erstellt und im Pressesprecher Ronny Gersch einen Befürworter gefunden, der die Zeichen der Zeit verstand. So entstand im Netz eine Diskussionsplattform. Auf dieser Pinwand werden immer wieder Stimmen laut, die einen Ausbau des Stadions fordern. Man müsse schließlich wettbewerbsfähig bleiben. So werden unter Federführung der Stadt europäische Fördertöpfe angezapft, und für etwa zwölfeinhalb Millionen Euro entsteht eine doppelstöckige Osttribüne. (In Rostock wird vom gleichen Geld eine ganze Stierkampfarena gebaut.) Das Stadion unter Eichen gehört nun der Vergangenheit an. Später wird die EU die Fördergelder auch noch zurückverlangen, weil zu wenig dem deutsch-polnischen Austausch gefrönt wird. Alle Nase lang ein Testspiel gegen eine polnische Equipe und eine Fanfaronade mit polnischen Gästen reichen den Sesselpupsern in Brüssel nicht aus, das Land Brandenburg schlägt sich aber stellvertretend für die Stadt mit der EU herum. Bei der Planung spielen dafür Fan- und auch Vereinsinteressen keine Rolle. Keine vernünftigen VIP-Logen, im Sommer hält es der Fan vor Hitze nicht aus, im Winter zieht es durch alle Löcher, dazu viele ungenutzte Räume im Bauch der Tribüne. Allein die Mehranzahl an Sitzplätzen und der Fakt, dass die Stehplätze in Zukunft als überdacht verkauft werden können, zaubern dem Manager ein Strahlen in die Augen. Unnötig zu erwähnen, dass die nunmehr überdacht Stehenden bei Regen trotzdem nass werden. Ausverkauft ist das Stadion trotz seiner geringeren Kapazität in der Bauphase nicht. Sportliche Stagnation, fehlende Zuschauer, schlechte Stimmung – es muss etwas passieren. Zusammenhalt, damit kann es klappen. Und so erinnert sich der Verein wieder an die Leute, die er wegen einer ausufernden Pyrotechnikeinlage ein halbes Jahr lang ignoriert hatte. Und den Jungs selbst juckt es schließlich auch in den Fingern. Gegen Bielefeld soll der Bock endlich umgestoßen werden, der zweite Sieg muss her! Auf den Rängen soll ein rot-weißer Liebesgruß an den Verein für Anschub sorgen. Mit Papptafeln wird auf die Stehplätze „Seit 1966" geschrieben, während im Innenraum erklärt wird, dass diese Liebe unvergänglich sei. Gelungen ist's. Christian Beeck springt bei seinem Tor, bereits gelb verwarnt, vor dem Fanblock auf den Zaun. Und fliegt den Regeln entsprechend vom Platz. Beeck gibt im Fernsehen zu Protokoll: „Ich schieße so selten Tore, woher sollte ich das wissen." Der Rest der Truppe erkämpft einen 2:1-Erfolg. Mit diesem Sieg im

Rücken geht es nach dem Spiel in eine kleine Gartenkneipe im Norden der Stadt, um ein Schnitzel zu essen und bei ein paar Bierchen noch schnell eine Ultragruppe zu gründen: Ultima Raka. Am Ende der Halbserie stehen aber nur zehn Punkte auf dem Konto, gegen 1860 München zum Beispiel setzt es im strömenden Regen eine tragische 3:4-Niederlage. Nach 0:4-Rückstand kommt die Mannschaft unter frenetischem, ja geradezu enthusiastischem „You'll never walk alone"-Gesang aus der Nordkurve in den letzten zehn Minuten noch zu drei Treffern. Ein vierter Treffer ist eine Frage der Zeit, doch der Schiri pfeift pünktlich ab. Das Ende des energetischen Erstligaabenteuers scheint bereits nach der Hälfte der Spielzeit besiegelt. Doch da hat der Fußballgott die Rechnung ohne die Energie gemacht. 3:0, 2:1, 0:0, 3:0, 1:0 – so lauten die Ergebnisse der ersten fünf Spiele nach der Winterpause. Leverkusen, Bochum, Rostock, Hannover und Bremen beißen sich an der neuen Abwehrarbeit die Zähne aus. Der kicker stellt fest: „Ausgerechnet Geyer, der letzte Vertreter des klassischen Liberos in der Bundesliga, ließ plötzlich mit einem 4-4-2 spielen – der Schlüssel zum Erfolg." (20. Februar 2003) Das 0:0 in Rostock ist auf persönlicher Ebene ein voller Erfolg, kann doch im Nachgang der eine oder andere erstaunt feststellen, dass Gurke endlich seinen Salat gefunden hat. Für Energie deutlich eindrucksvoller läuft das Auswärtsspiel in Bremen ab. Von Glasgow anreisend, wo man den VfB Stuttgart gegen Celtic unterstützt hatte, tobt ein sehr feiner 500 Mann starker Haufen durch den Gäste-Unterrang. Dieser versetzt mit dem Glauben an den Klassenerhalt bildhaft Berge, indem ein Gebirge auseinandergeht, hinter dem ein Ortseingangsschild mit der Aufschrift „Klassenerhalt" erscheint. Dem lässt „die Zunge" Topic gleich Taten folgen, und nach fünf Minuten purzeln 500 Gestalten aus dem oberen Bereich des Gäste-Sitzplatzblockes nach unten an den Zaun. Blaue Flecken und Schürfwunden inklusive, Energie! Leider kommen die Bayern einen Spieltag später nach Cottbus und die Serie reißt, Geyers Vorhersagen im genannten kicker-Artikel erweisen sich als selbst erfüllende Prophezeiung: „Wir werden mit diesem System auch einmal auf die Nase fallen." Dummerweise stehen die Kicker zu spät wieder auf. Im einhundertsten Erstligas-

Marco Topic ist ein bosnischer Stürmer in Reihen des FC Energie Cottbus, der seine eigenen Tore immer mit weit heraus gestreckter Zunge feiert und daher auch gern von Fernsehreportern als die „Zunge" gefeiert wird. Nach dem Abstieg 2003 verlässt er Energie in Richtung Wolfsburg.

piel wird mit insgesamt einhundert erreichten Punkten der Abstieg aus der ersten Liga perfekt gemacht. Die Nägel in den Sarg darf 1860 München einschlagen. Nachfolgend verabschiedet sich Energie sportlich fair aus der Liga, Nürnberg wird im letzten Heimspiel 2:1 geschlagen und in Dortmund macht Energie den VfB zum Vizemeister. Auf den Rängen sorgen die Fans noch zweimal für Gänsehaut und gehen mit einem lauten „Na zasejwiźenje“ (sorbisch: „Auf Wiedersehen“) und einer doppelten Wendechoreographie nach – wieder einmal – drei Jahren zurück in die zweite Liga. Dieser Abstieg ist für mich dann auch der perfekte Zeitpunkt, um Mitglied im Verein zu werden. Auf dem Mitgliedsausweis im Scheckkartenformat wird die Mitgliedsnummer 165 vermerkt.

Im Herbst 1971 ist es soweit. Die BSG Energie Cottbus, von den Einheimischen auch gern als „Heimatlose“ bezeichnet, zieht ins Stadion der Freundschaft. Im Stadion unter den Eichen, direkt an der schönen Spree gelegen, will Energie fortan seine Gegner das Fürchten lehren. Nach sieben Jahren Loki und einem Jahr im Max-Reimann-Stadion wird Energie im Ortsteil Sandow heimisch. Das Max-Reimann-Stadion taugt aber zumindest für eine Bestmarke. Als Energie im April 1970 gegen Vorwärts Stralsund aufdribbelt, säumten rund 35.000 Zuschauer die Ränge. Publikumsmagnet ist jedoch nicht eigentlich der glorreiche Fußballclub des Kohle- und Energiebezirks, nein: die Friedensfahrt, die Tour de France der RGW-Staaten, macht Station in Cottbus. Die Massen strömen ins Sportzentrum und die BSG Energie darf im Vorprogramm ihr Heimspiel gegen Vorwärts Stralsund austragen. Das Spiel selbst sehen deutlich weniger Menschen als die kolportierte Rekordzuschauerzahl. Hellmuth Hamann ist seinerzeit dabei und meint ganz salopp: „Wenn überhaupt 10.000 Leute wegen Energie da waren

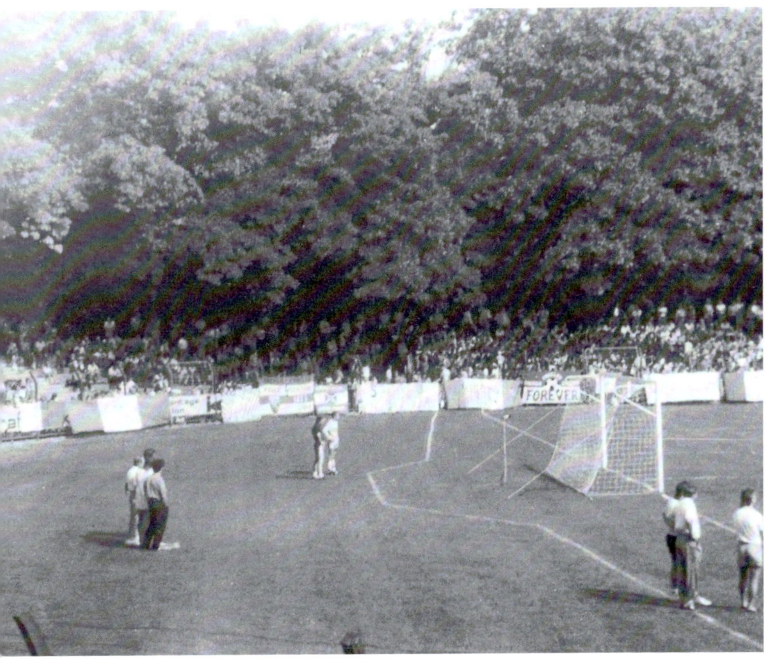

Die Eichen, die 1989 noch malerisch die Ränge überschatten (Spiel gegen Jena), fielen 2003 der neuen Osttribüne zum Opfer.

und das Spiel angeschaut haben, dann ist das viel." Energie spielt nicht lange in der Mehrzweckspielstätte, sondern zieht ins Stadion der Freundschaft ein. Und wieder aus, aber nur für eine Saison. Nach dem Abstieg aus der Oberliga 1974 wird das Stadion rekonstruiert, Energie weicht ins Stadion 8. Mai aus. An dessen Stelle wird 2005 das neue IKMZ errichtet, die Bibliothek der Cottbuser Universität. Das Stadion der Freundschaft entwickelt sich in den 1980er Jahren zum Hexenkessel. Die Zuschauer sind heißblütig und schlagen auch mal über die Stränge. So muss Energie 1982 nach einem Flaschenwurf ein Heimspiel auf fremdem Platz austragen. Stahl Eisenhüttenstadt darf sich daher für seine 2:1-Niederlage hinunter nach Forst an der Oder-Neiße-Friedensgrenze begeben, wo am Wasserturm 3.500 Besucher den Energiesieg bejubeln. Das Stadion wird Schritt für Schritt aufgebessert mit Sprecherturm, Haupteingang, Sanitärtrakt und sogar Zuschauertoiletten. In der Sommerpause 1988 wird eine 4.000 Sitzplätze fassenden Westtribüne errichtet. Nach der politischen Wende haben weder die Stadt noch der Verein Geld für größere Renovierungen, erst die Vergabe der Bundesgartenschau an die Stadt lässt Fördergelder springen. Mit dem sportlichen Aufstieg im Jahr 1997 finden weitere Arbeiten statt. Finanziert durch den Verein und durch Spenden wird eine Flutlichtanlage gebaut. Die Kosten für die Flutlichtanlage werden von Energie einfach mit den Pachtzahlungen an die Stadt verrechnet. Dasselbe passiert nach der Errichtung einer Anzeigetafel hinter der Südkurve. Laut Unterlagen des spanischen Bauunternehmers werden dabei fünfzehn Tonnen Stahl verbaut, wohin auch immer. Als die Tafel im Zuge des Südtribünenbaus 2008 nämlich abgebaut wird, finden die Bauarbeiter ganze zwei Tonnen Stahl vor. Der nächste Schritt ist vor dem ersten Erstligaheimspiel der Einbau einer Rasenheizung. Wieder wird der Stadt Cottbus entsprechend die Pacht gekürzt, nachdem der Verein das Geld investiert hat. Das Stadion unter Eichen ist dann im Jahr 2003 passé, denn der neuen doppelstöckigen Osttribüne fallen alle Eichen zum Opfer. Dafür können in Zukunft auch keine Eicheln mehr nach Spielern geworfen werden. Im Unterrang der neuen Tribüne findet sich ab dem Sommer 2003 der neue Fanblock I wieder, von hier aus wird die optische und akustische Unterstützung durch die Jungpioniere der Energiefanszene organisiert. Es dauert nicht lange, da rufen auch die immer noch im Regen stehenden Fans in der Nordkurve nach einem Dach. Und sie bekommen eins. Der Verein errichtet in der Sommerpause 2007 eine neue Nordtribüne aus Stahlrohr. Es wird eine Tribüne für die Fans, nur eben ohne die Fans vorher nach ihren Bedürfnissen zu fragen. Der Präsident Ulli Lepsch dazu heute: „Wir hatten gar nicht die Zeit zu großen Diskussionen. Innerhalb von zehn bis zwölf Wochen musste die Tribüne geplant und gebaut werden. Und das ja gleich zweimal, im Süden ja auch. Den Ernst Thierfelder (den Planer) müssten eigentlich alle Energiefans auf einer Sänfte durch die Stadt tragen. Die Sicht ist heute ungleich besser als vorher in den flachen Stehplatzkurven." Gleichzeitig wird mit dem Bau der Nordtribüne der Unterrang der Osttribüne mit Sitzplätzen ausgestattet, die Proteste der Stehplatzbesucher verhallen ungehört. Immerhin wird die Neunummerierung der Blöcke auf der neuen Tribüne Faninteressen angepasst, damit der Fanblock auch weiter der Block I bleibt. Die Kritik an der Vorgehensweise bei diesen Baumaßnahmen und ihrem Resultat veranlasst den Pressesprecher des Vereins dazu, bekannten Persönlichkeiten aus der Fanszene bei einer offiziellen Begehung nahezulegen, doch in Zukunft lieber zu Hause zu bleiben und sich dort mit Bier zu besaufen. Dieser Vorschlag wird dankend abgelehnt und mittlerweile haben sich die einzelnen Fangruppen des Vereins auf der Nordwand eingerichtet. Ein Jahr nach der Nordtribüne wird auch die Südkurve dem Erdboden gleich gemacht und eine neue Stahlrohrtribüne verwehrt nun

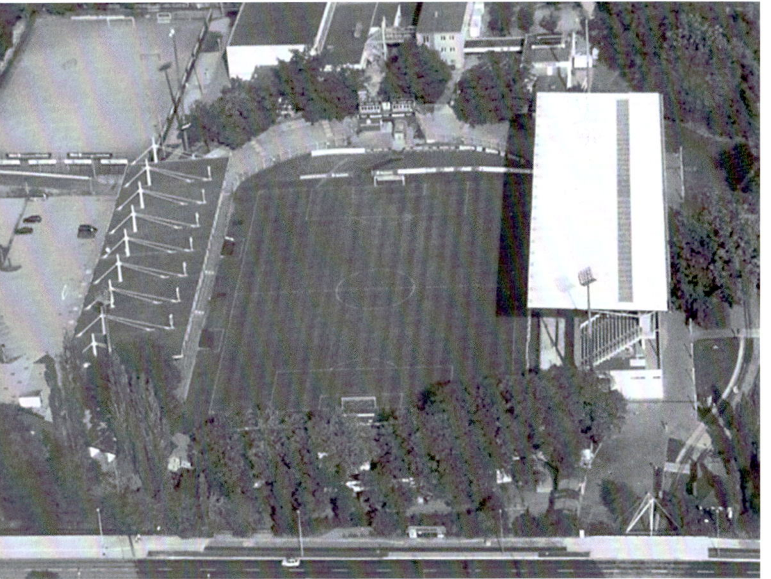

Luftaufnahme des Stadions der Freundschaft von 2004, noch ohne umgebaute Hintertortribünen.

auch den hartnäckigsten Besuchern des Fanclubs Tangente den Einblick ins Wohnzimmer des Vereins. Alles wieder vom Verein bezahlt. Ein Highlight gibt es jedoch noch. Als 2011 eine zweite Videowand an der Nordwestecke errichtet werden soll, zeigt Ernst Thierfelder aus dem Präsidium auf der Mitgliederversammlung eine nahezu legendäre Präsentation. Ein halbstündiges Referat über Einfalls- und Ausfallswinkel, über Neigungen, Sichtachsen und andere Parameter überbrückt weit mehr als die Pause während der Stimmauszählung für die Verwaltungsratswahlen. Als Erinnerung an diesen grandiosen Abend hängt noch heute im Büro der Energie-Geschäftsführung eine von der heimischen Universität erstellte „Analyse der ergonomischen Bedingungen für die Aufstellung einer Anzeigetafel im Stadion des FCE Cottbus“. Im Jahr 2011 erfolgt auch der Verkauf des Stadions von der Stadt an den Verein. Die Stadt macht mit der Bewirtschaftung etwa anderthalb Millionen Euro Nasse und ist angesichts des eigenen Schuldenstandes gezwungen, dies dem Verein in Rechnung zu stellen. Energie rechnet kurz durch, dass den Verein die eigene Bewirtschaftung weniger als die Hälfte kosten würde. So befindet sich die Heimat des Vereins nun auch in dessen Eigentum.

Die Zeit der BSG ist vorbei, sportlich dümpelt der FCE in den Niederungen der drittklassigen NOFV-Oberliga herum. Die Stadt Cottbus und die Lausitz verlieren massiv an Einwohnern, die Arbeitslosigkeit steigt. Die ohnehin überschaubare Fanszene ist in ihre Einzelteile zerfallen. Viele sind jetzt im Westen arbeiten, manch einer hat keine Kohle mehr fürs allwöchentliche Fußballvergnügen – wenn man davon überhaupt sprechen kann bei Niederlagen gegen Marathon 02. Zu den Auswärtsspielen finden sich nur noch ganz wenige Leute zusammen, irgendwann ist das x-te Auswärtsspiel auf einem Acker rund um oder in Berlin dann auch wirklich nicht mehr attraktiv, gerade wenn sportlich eh mal wieder Hopfen und Malz verloren sind. Danilo Helbig lässt die Altherrenriege der Fanszene ein wenig hochleben: „Der damalige Fanclub Forever (Jungs aus der Spremberger Vorstadt, u.a. Bernd Guhlke) traf sich nach den FCE-Heimspielen und Bundesligaspielbesuchen im Tal ab Ende 1990 immer häufiger im Promenadeneck (eine kleine Kneipe in der Innenstadt, wo sich heute eine Brachfläche befindet). Erwin (der letzte Mohikaner des Fanclubs Red Devils) kam dann 1991/92 regelmäßig dazu, Mario Noack (zuletzt FC Drebkau) und ich (zuletzt FC Vetschau) sind dann auch mal hingegangen. Das Hans-Meiser-Team wurde damals eigentlich als Reaktion auf die propagierte, aber nicht vorhandene Fanarbeit des FCE, bzw. dessen Fan-Nebenbeauftragten Ronny Gersch gegründet. Vom eigentlichen Fanbeauftragten Kaiser kam ja erst recht nichts. Gersch veranstaltete Fanturniere als Alibi für die fehlende Fanarbeit des Vereins. Daran nahmen jedoch keine Fanmannschaften teil, sondern nur Betriebs- und Stadtligamannschaften unter Fanclubnamen. Diese Turniere rechnete er dann im Programmheft des Vereins, dem Energie-Echo, als Fanarbeit ab. Was uns stets aufregte. Wir bildeten dann selbst eine reine Fanmannschaft, nahmen an einem Turnier teil und verloren natürlich alle Spiele haushoch. Die Truppe brauchte einen Namen. In der Glotze präsentierte damals dreimal in der Woche Stefan Raab seine Talkshow Vivasion. Darin machte sich Raab ständig auf seine Art über Hans Meiser lustig. Und irgendeiner von uns kam dann eines lustigen Abends im Promenadeneck auf den Namen ‚Hans-Meiser-Team'. Wir schrieben, nicht ganz ernst gemeint, einen Brief an Hans und berichteten stolz von unserer Gründung. Und der Gottvater aller Talkshows schickte uns als Antwort einen Satz T-Shirts und viele Grüße in die Lausitz. An dem Turnier nahmen rund achtzig ‚Fans' teil. Am Vortag spielte unser FCE auswärts bei den Reinickendorfer Füchsen und von den achtzig ‚Fans' waren gerade einmal acht in Berlin beim Spiel gewesen, davon sechs aus unserer Mannschaft (wir waren, glaube ich, insgesamt auch nur sieben). Sagt wohl alles … Danach entwickelte sich alles nach und nach. Wir waren wohl die ersten Cottbuser Ultras, obwohl wir nie welche sein wollten und uns nie so genannt haben. Erste Pyro ging auf uns, auch die erste Choreo zum Heimspiel gegen Hannover. War wenig kreativ und auch nicht sonderlich schön, aber ein Anfang, einfach rote und weiße Tafeln. Um die machen zu dürfen, mussten wir ein Heimspiel davor zum gesamten Präsidium. Und Bernd Guhlke brachte ein paar ‚match live'-Ausgaben mit und erklärte Krein bildhaft, was wir vorhatten. Die ersten faneigenen und dann über viele Jahre regelmäßig fahrenden Fanbusse haben wir organisiert, die ersten Fanturniere nur für echte Fanclubs veranstaltet (sehr zum Ärger von Gersch als Konkurrenz zu seinen Alibi-Fanturnieren), das erste Fanzine ‚Mach den Stier!' rausgegeben. Wir sind bundesweit zu Fanturnieren (u.a. blaue Stuttgarter, Rostock, Krefeld, Zwickau, Dresdener SC) gefahren. Wir haben den Energie-Fandachverband UFO maßgeblich initiiert, die erste offene deutsche Meisterschaft für Energie-Fans war unsere Idee. Durch unsere Aktivitäten haben wir auch andere Fanclubs zur Aktivität angestachelt (Stichwort ‚interne Konkurrenz und Eitelkeiten'). Der Fanclub Niederlausitz machte ein eigenes Turnier und ein Fanzine, die Cottbus-Front machte bzw. versuchte es. Auch Move-It von den Spreewaldkanaken organisierte mal ein Turnier. Mit Niederlausitz haben wir dann regelmäßig schön zusammen gefeiert. Mit dem sportlichen Erfolg kamen alte und viele neue Fans und Fanclubs, wie z.B. FC Altdöbern. Ach ja, Bernd Guhlke und Erwin sind seit der Wende zur Nationalmannschaft und allen EM- und WM-Endrunden gefahren. Der Rest von uns stieg mit der EM 2000 mit ein."

Weitere Einzelpersonen drapieren ihre Stoffe am Zaun, unter anderem hängt dort eine einfach bemalte „Kämpft!"-Fahne, die im Frühjahr 1999 sogar in eine Choreografie gegen Fortuna Köln eingearbeitet wird. Die alten Herren müssen sich zunächst allein mit dem Verein herumschlagen, Nachwuchs abseits des Rasens ist kaum vorhanden. Nur sehr zögerlich finden junge Fans den Weg ins Stadion der Freundschaft und beginnen sich zu organisieren. So dauert es bis 1995, ehe sich gegen Ende der Hinrunde der Fanclub Power Fanatics gründet. Ein Zusammenschluss von Jugendlichen, welche vornehmlich im Pückler-Gymnasium der Stadt ihrem Schulabschluss entgegensehen. Auf dem für die Fahne gekauften Stoff ist kein Platz mehr für das „Fanatics", aber bei den Alten sind sie genau solche. Nebenbei entsteht unter den Glatzen aus dem Stadtteil Sachsendorf der Fanclub Hubert Schrauber, welcher mit „Fürchtet Euch nicht!"-Gesängen die Gegend unsicher macht. Unterdessen wird in Vetschau aus dem Fanclub Preussen Front Vetschau mal eben Humpen Vetschau, vermutlich eine Huldigung an das Gefäß, welches mehrheitlich am Wochenende den Weg an die eigenen Lippen findet. Mittlerweile hat sich auch eine kleine Gruppe an sportlich Interessierten zusammengefunden, die auf den Namen Royal Boys/Spreewaldkanaken hört und auch die Duke Boyz, mehrheitlich aus dem Norden der Stadt, erscheinen auf der Bildfläche. In den Dörfern Richtung Vetschau springen einige *Limkühe* herum, in Limberg und Kunersdorf. Energie unterstützt die wachsende Fanschar mit einer einzigartigen Fanaktion. Für zwanzig Mark kann fan sich bei Intrans-Reisen eine Art Fankarte kaufen, mit der jede Fahrt zu einem Auswärtsspiel nur weitere zwanzig Mark kosten soll. Die Investition hat sich nach der Fahrt nach Stendal bereits amortisiert, gerade nach Berlin aber will kein Schwein mit dem Bus fahren, das Ding wird also ein Minusgeschäft und nach einem Jahr wieder kassiert. Dafür organisiert das Hans-Meiser-Team mit einer Busfirma aus dem Westen der Stadt als Partner fortan die Busse und wird dafür vom offiziellen Fanbeauftragten Kaiser noch angefeindet. Das kennt man im Verein noch nicht: Fans, die sich selbst organisieren. Und es kommt noch doller. Im Zuge der Vereins-Auferstehung entstehen noch mehr neue Fanclubs. Robbie K. nimmt unter einem Pseudonym allzweiwöchentlich an einem Tippspiel der örtlichen Tageszeitung teil und nach dem letzten regulären Heimspiel in der Regionalliga im Frühjahr 1997 gegen Erfurt beschließen acht Chaoten, das Pseudonym als Namen für den neuen Fanclub zu benutzen. Fortan zieht man mit lauten „Hurra, hurra! Hurra, hurra! Wir sind die Senfgurkenmafia, wir sind wieder da!"-Gesängen durch die Stadien der Republik. In die folgenden zwei Jahre fällt auch die urkundliche Ersterwähnung der Fanclubs Cottbuser Jungs, Preussen Jungs, Sangriaten, Red White Dynamite und Geschwader Cottbus. Insgesamt fehlt der Fanszene aber fast eine komplette Generation. Was sie jedoch nicht davon abhält, sich den allgemeinen Trends anzuschließen, und so tauchen in den Jahren 1997 und 1998 die ersten Aktivitäten auf, die sich an der italienischen Ultra-Bewegung orientieren. Mittels Rauchbomben und Spruchbändern werden erste optische Akzente auf den Rängen gesetzt, die weder dem Verein noch dem DFB gefallen. Ab 1998 gibt es dann mit Unterstützung des Fanprojekts und unter der Führung des Hans-Meiser-Teams (eins der Mitglieder ist im Club Nr. 12 des FC Bayern München) sogar die ersten Papptafelchoreographien. Schlicht und einfach, aber eben nicht zwingend schön.

Der Club Nr. 12 ist eine Unterstützergruppe von Bayern München, die sowohl im alten Olympiastadion als auch jetzt im Schlauchboot von München-Nord die großen Choreographien organisiert. Ein Mitglied des HMT, das in Deutschlands Süden arbeiten geht und nebenher Bayern-Fan und Mitglied im Club Nr. 12 ist, bringt Erfahrungen aus bajuwarischer Choreographiearbeit mit nach Cottbus.

Zum Ende der zweiten Profisaison kommt dann mal was komplett Neues. Während initiiert durch das Hans-Meiser-Team und den führenden Kopf von Power Station mit U.F.O. eine Art Dachverband für alle Fanclubs und Fans aufgebaut werden soll, berichtet das Fanzine „Gurkensalat“ rund um das Heimspiel gegen den SSV Ulm im April 1999 von der Gründung einer neuen Gruppe: dem Inferno Cottbus 1999 (IC99). Die Jungs verstehen sich offensiv als Sammelbecken für an der Ultraszene interessierte Fans und bündeln die Kräfte, ohne dass die vielen kleineren Fanclubs damit aufhören zu existieren. Vielmehr hängen die Fahnen der Senfgurkenmafia, von Red White Dynamite oder den Sangriaten bis heute, das Hans-Meiser-Team existiert selbstredend auch noch. Andere Fanclubs, wie Power Fanatics oder Hubert Schrauber verschwinden jedoch von der Bildfläche. Recht schnell erreicht das IC99 innerhalb der Fanszene gewissen Stellenwert, obwohl Doppelhalter und große Schwenkfahnen nicht jedermanns Sache sind. Diskussionen, ob diese Utensilien zur Fankultur dazu gehören, bleiben den Jungs nicht erspart. Von den alten Säcken des Hans-Meiser-Teams werden sie liebevoll als Jungpioniere bezeichnet, während die Jungpioniere mittels „HMT – Zettel am Zeh“ auf den bevorstehenden Renteneintritt der alten Garde hinweisen. Dummerweise ist seitdem das Renteneintrittsalter immer weiter angehoben worden – so nehmen sich beide Seiten immer schön auf die Schippe. Nebenbei tauchen weitere Fanclubs auf, deren Mitglieder eher älteren Semesters sind, wie Cottbus Front oder Rot-Weißer Adler. Die Luxxe stehen auf einmal als größter beim Verein registrierter Fanclub in den Geschichtsbüchern und der Fanclub 12. Mann versammelt Fans allen Alters aus dem Raum Oberspreewald-Lausitz. Neben dem Inferno tauchen zum Anfang des neuen Jahrtausends neue Ultra-Gruppierungen auf, so unter anderem die Supporters Cottbus und andere kleinere Splittergruppen. Diese schließen sich in der Sommerpause 2002 zum Collettivo Bianco Rosso 2002, kurz CBR 02, zusammen, inklusive Rechtschreibfehler, der dann jedoch konsequent beibehalten wird. In dieser Zeit steht das IC99 beim Verein bereits im Abseits. Im Februar zum Heimspiel gegen Hertha BSC bereitete die Gruppe eine Blockfahne vor, auf der Teile der Hauptstadt in Flammen stehen. Die wird durch das Ordnungsamt nicht genehmigt, worauf einige bengalische Feuer durch den Block und auf das Spielfeld fliegen. Polizei und Verein schießen sich daraufhin sehr schnell auf die beiden präsentesten Gruppen in der Kurve ein, die Senfgurkenmafia und Inferno Cottbus. Während die SGM recht zügig als unschuldig rehabilitiert wird, bleibt das IC letztlich als Sündenbock für die Vorkommnisse übrig. Diverse Personen werden noch während des Spiels am Block entlang medienwirksam abgeführt. Ob sie am Ende wirklich Täter waren, können auch weitere Ermittlungen nicht klären. Rechtskräftige Urteile gibt es bis heute jedenfalls nicht. Das IC ist bei den Profis nunmehr zur Untätigkeit verdammt und erhält vom FC Energie Cottbus ein Erscheinungsverbot. Fahnen und Symboliken der Gruppe dürfen im Stadion nicht gezeigt werden. Bis auf Weiteres verbieten die Behörden und der Verein auch jegliche Schwenkfahnen, Doppelhalter und dergleichen. Dies führt dazu, dass sich vor allem die an optischen Aktionen interessierten Fans auf die Spiele der zweiten Mannschaft, der Amateure, konzentrieren und hier die eine oder andere aufwändige Aktion präsentieren. Im Loki interessieren sich die Behörden und auch die Vereinsoberen nicht für den Pöbel, der hinter der Bande steht. In der Sommerpause 2002 entstehen zwar mit Tifosi Chosebuz und Kamarilla Usurpatori zwei weitere Gruppen, allerdings sind diese Gebilde nur sehr klein oder nicht von Bestand. Innerhalb des IC bekommen Strömungen Oberwasser, welche die Gruppe politisch rechts verorten, was zu Unstimmigkeiten führt und letztlich am 16. November 2002, am Abend nach einem Heimsieg gegen die Arminia aus Bielefeld, zur Gründung einer neuen Fangruppierung führt, Ultima Raka 2002 (kurz UR), unter starker Mitwirkung führender IC-Mitglieder. Fortan bestehen alle drei Gruppen nebeneinander, die Co-Existenz ist nicht immer friedlich und vor allem UR und IC kommen trotz gemeinsamer Vorgeschichte nicht immer ganz gewaltfrei miteinander aus. UR verzichtet offiziell auf den Einsatz von Pyrotechnik, wächst vielleicht auch deshalb innerhalb kürzester Zeit stark an und realisiert vielbeachtete Choreographien. Für mehr reicht es vorerst jedoch nicht, was IC kritisiert und UR Verweichlichung vorwirft. Der eine oder andere IC-ler empfindet die Gründung von UR sogar als eine Art In-den-Rücken-Fallen. Im weiteren Verlauf gibt es Versuche durch politisch links stehende Fans, die Gruppe UR in diese politische Richtung zu ziehen, was sogar in handgreiflichen Auseinandersetzungen innerhalb der Fanszene gipfelt. Schließlich jedoch distanziert sich UR sowohl ideell von parteipolitischen Positionen als auch im Stadion der Freundschaft räumlich vom Inferno Cottbus. Das Collettivo ist in diesem Konflikt außen vor, obwohl die Mitglieder einstellungsmäßig sicherlich eher dem IC zugeneigt sind. Mittlerweile können sich auch dank der baulichen Gegebenheiten im Stadion der Freundschaft alle Seiten in gewissem Maße arrangieren, auswärts wird zumindest im Gästeblock zusammengearbeitet. Die drei Gruppen versammeln gemeinsam mit Frontside, Preußen Kartell, Unbequeme Jugend Cottbus, Elsterfront oder Leinölbrigade die nachwachsende jugendliche Energie-Fanszene um sich. Speziell die Gruppierungen um das Inferno Cottbus werden durch die Polizei, den Staatsschutz und auch die örtlichen Medien besonders im Auge behalten, beobachtet man hier doch gewisse Schnittmengen zwischen Fußballfans, verfassungsfeindlichen politischen Akteuren und kriminellem Personal. Unter diesem Druck setzt der Verein das nach und nach gelockerte Erscheinungsverbot für die Gruppe wieder durch.

Der sportliche Erfolg ab dem Ende der 1990er Jahre ruft noch ein weiteres Phänomen auf den Plan: Energie bekommt die ersten Fanclubs außerhalb des eigenen Einzugsgebiets. So stehen plötzlich Schwaben-Energie aus dem Raum Stuttgart, der Fanclub Rhein-Main oder der Fanclub Bielefeld auf der Matte und bei Spielen in der entsprechenden Region auch im Stadion. Mit der Bavaria Crew in Bayern und der Supporters Crew Nordlichter Cottbus im norddeutschen Raum entstehen weitere Sammelbecken für Energiefans. Selbst in Berlin mit den Berliner Jungz und sogar am Elbufer mit der Energiefront Elbflorenz entstehen nach außen sichtbare Gruppen, welche zu Energie halten. Und gerade bei Spielen im Westen der Republik erscheinen immer wieder Emigranten, welche im Verein ein Stück Heimat wiedererkennen und daran teilhaben wollen.

Internationale Freundschaftsspiele sind für mitreisende Fans das Salz in der Suppe. Abwechslung vom Alltag, neue Länder sehen, andere Mentalitäten kennenlernen, sich mit neuen, unbekannten Gegnern messen. So die Theorie. Die Praxis sieht bei Energie etwas weniger schillernd aus. In Zeiten des Warschauer Paktes bestehen von oben verordnete Vereinsfreundschaften unter anderem zu Lech Poznań oder Polonia Bytom. Diese werden in regelmäßigen Freundschaftsspielen oder Trainingslagern zelebriert. Davon haben die Fans aber wenig, mitreisen kommt schon gar nicht in Frage. Für die Spieler sind diese Ausflüge ins sozialistische Ausland immer straff organisiert. Dazu gehört ein Bankett nach jedem Spiel, bei dem es immer ordentlich zu essen gibt. Klaus Stabach: „Ich habe ja immer gern und viel gegessen und da konnte man dann mal so richtig reinhauen.“ Engere Kontakte oder gar Freundschaften zu anderen Spielern entstehen aber nicht, obwohl es, wie Ralf Lempke berichtet, ein herzliches Verhältnis während der Begegnungen gibt. Im Grunde sollte damit die staatlich propagierte deutsch-polnische Freundschaft nach außen demonstriert werden. Nach der politischen Wende sind internationale Spiele für Energie vorerst passé, die sportliche Situation ist für ausländische Gegner nicht attraktiv. Das änderte sich zum Ende der 1990er Jahre, wobei zwei Spiele in besonderer Erinnerung blieben. Nach dem Erstligaaufstieg findet am 5. August 2000 im noblen italienischen Badeort Viareggio ein Testspiel gegen den Traditionsverein AC Florenz statt. Die Fanszene ist elektrisiert, von Michael Schüler wird ein Bus organisiert. Für 125 D-Mark fahren an die siebzig Ener-

Das Originalplakat gibt es nur einmal im Energie-Umfeld, eine Kopie liegt bei fcenergie-museum.de.

Energie international – die Kür

giefans im roten Doppeldecker von Thönes-Reisen durch die Nacht nach Italien. Vor Ort angekommen, springen die einen ins Meer und die anderen in die nächste Wirtschaft. Wieder andere inspizieren den örtlichen Schallplattenladen und freuen sich wie kleine Kinder über die neueste Mauro-Picotto-Maxi-Schallplatte (white label, natürlich). In der Stadt hängen Plakate, die für den Abend ein Spiel zwischen A.C. Fiorentina und F.C. Energie Cottbos ankündigen, fortan rennen die ersten Leute „Cottbo-hos" schreiend durch die Gegend, das Plakat wollen die Händler allerdings nirgends rausrücken, ein einziges wandert am Ende des Tages mit in das Oberdeck des Doppeldeckers. Zehn Mark für die Karte mit der korrekten Schreibweise des besten Vereins der Welt bezahlt, nochmal zehn für einen Seidenschal und ab zum Einlass, wo den Gästen nahezu die kompletten mitgebrachten Vorräte an Rauch und Licht abgenommen werden. Da ist man doch ein wenig naiv unterwegs gewesen angesichts der bekannten Bilder aus italienischen Stadien. Das mitgebrachte Arsenal hätte aber auch für eine mehr als ordentliche Sylvesteraufführung gereicht. So schafft es nur ein wenig Licht in den Block, welches am Ende auch ein schönes Bild abgibt. Energie verliert zwar 1:2, dies stört aber so richtig niemanden. Eher ist die Truppe sauer, dass die abgenommenen Gegenstände demnächst auf einer anderen Party für gute Laune sorgen und nicht wieder rausgerückt werden. Nach durchzechter Nacht kommt die Reisegesellschaft am nächsten Abend abgekämpft wieder in der schönsten Stadt der Welt an.

Ein Jahr später feiert die Rapid aus Wien Saisoneröffnung gegen Energie, ein willkommener Anlass, erneut auf Europareise zu gehen. Die österreichische Boulevardpresse kündigt für den 7. Juli 2001 Hooliganhorden an, und die Rapidler wundern sich angesichts der zwei Busladungen aus Cottbus über die Übertreibungen der Kronen-Zeitung. Eine Backpfeife holen sich ein paar rot-weiße Schlachtenbummler trotzdem ab. Die Saisoneröffnung des Gegners feiern einige der Gäste mit einer deftigen Portion schwarzen Rauchs, der auf seinem Weg ins All auch die energetischen Klamotten mit Rußpartikeln verunstaltet. Energie gewinnt sogar mit 2:1, allerdings zeigen sich Trainer Geyer und Co. mit dem Verhalten der eigenen Fans nicht solidarisch und schicken die Spieler sofort nach dem Spiel in die Katakomben. In den Folgejahren verzichtet Energie weitestgehend auf derartige Testspiele. Ein Spiel beim FK Teplice im Jahr 2004 wird einen Tag vorher abgesagt, zu viele verletzte Spieler gibt es nach der Geyer'schen Maloche im Kader

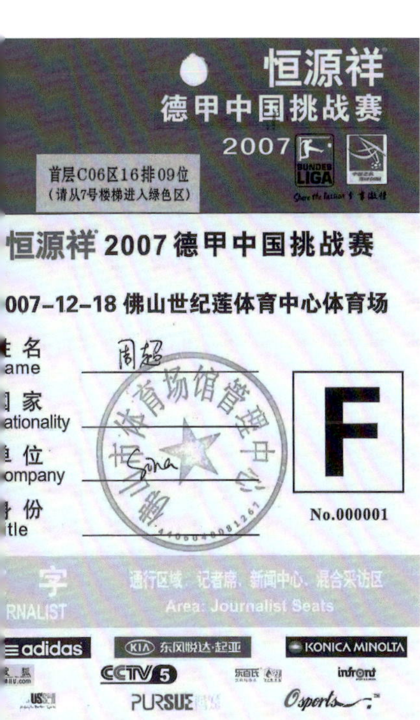

Presseticket zum Spiel der chinesischen Olympiaauswahl gegen Energie Cottbus.

des Vereins. Zu einem Spiel gegen Stahl Eisenhüttenstadt vier Tage später reicht es aber, die vormals verletzten Spieler sind größtenteils wieder einsatzfähig. Ein Schelm, wer angesichts mehrerer ausgebuchter Busse nach Teplice Böses denkt.

Eine Reise in eine andere Welt schaffen leider nur zwei Energiefans, als die Deutsche Fußball Liga mit dem Ziel der eigenen besseren Vermarktung den Verein im Dezember 2007 nach Fernost schickt. Bei Energie spielt mit Jiayi Shao ein chinesischer Nationalspieler, der in seiner Heimat durchaus berühmt ist. In aller Eile werden zwei Visa beantragt, so dass auf dem Weg gen Fernost im Flugzeug der Biervorrat weggeschlürft werden kann. In Guangzhou am Pearl River, aus dessen Wasser hoffentlich nicht das Pearl-Beer gebraut wird, erwarten die beiden dann viele echt gefälschte Originalprodukte, diverse kulinarische Genüsse auf offener Straße und viel Smog. Von dem durch die Lokalpresse in der Heimat verbreiteten großen Interesse ist jedoch weit und breit nichts zu spüren, die angekündigten 20.000 Zuschauer sind Träumereien aus der Otto-Fleck-Schneise zu Frankfurt am Main. Nur wenige Besucher verirren sich zu den beiden Spielen gegen die Olympiaauswahl und die Nationalmannschaft Chinas die beiden mitgereisten Europäer sind als Fotomotive beliebt.

Ein guter Stapel Eintrittskarten wird für die Daheimgebliebenen aufgesammelt. Die Mannschaft kredenzt ihren bei-

Das abgebildete Presseticket wurde einem chinesischem Internetjournalisten abgequatscht, als wir nach dem Spiel mit dem Bus der Journalisten wieder ins Mannschaftshotel von Energie gefahren wurden. Dafür kannte einen Tag später etwa eine Milliarde Menschen unsere Gesichter, weil der Reporter in einem Blog über uns berichten wollte. Überprüft haben wir es nicht.

den Fans auf der Rückreise noch ein schönes Mahl und schmuggelt während einer dreistündigen Wartezeit aufgrund eines verspäteten Fliegers Essen aus dem Bereich für die Wichtigeren dieser Welt in den Low-Cost-Bereich. Man dankt.

Ansonsten spielt Energie in den Trainingslagern in Österreich, Dubai oder der Türkei zumeist gegen Teams, die ebenfalls dort in der Nähe in Trainingslagern sind. In der Regel sind nur wenige Fans mit vor Ort, eine Ausnahme stellt ein Spiel in Angerberg in der Sommerpause 2013 dar. Inferno Cottbus reist mit einem kompletten Bus an, was im Vorfeld schon zu diffusen Gedankenspielen der örtlichen Behörden führt. Einem Gegner aus Israel wird abgesagt, am Ende steht der recht unattraktive FK Příbram aus der ersten tschechischen Liga als Gegner auf dem Rasen. Laut Aussage des Vereins wird das IC gebeten, die mitgebrachte Fahne wieder abzunehmen, da Sponsoren eine negative Berichterstattung befürchten. Dieser Bitte kommen die Jungs nicht nach, woraufhin sich der Verein veranlasst sieht, das Erscheinungsverbot für die Gruppe erneut in vollem Umfang durchzusetzen und Stadionverbote auszusprechen. So bleiben Heimspiele gegen Widzew Łódź, Pogon Szczecin oder Cracovia Kraków vor zumeist leeren Rängen die dürftigen Höhepunkte energetischer Auslandskontakte. Lediglich etwa 300 Gäste des polnischen Traditionsclubs Lech Poznań verbreiten 2006 einmal etwas internationales Flair. Auf ein vertraglich vereinbartes Rückspiel wartet man in Cottbus aber bis heute.

Einen haben wir aber noch im Köcher. Energie Cottbus gegen Pogon Szczecin – im Januar 2012 ein wirklich attraktives Spielchen. Die Drähte glühen heiß, um den polnischen Gästen einen angenehmen Aufenthalt zu ermöglichen. In polnischer Währung dürfen die

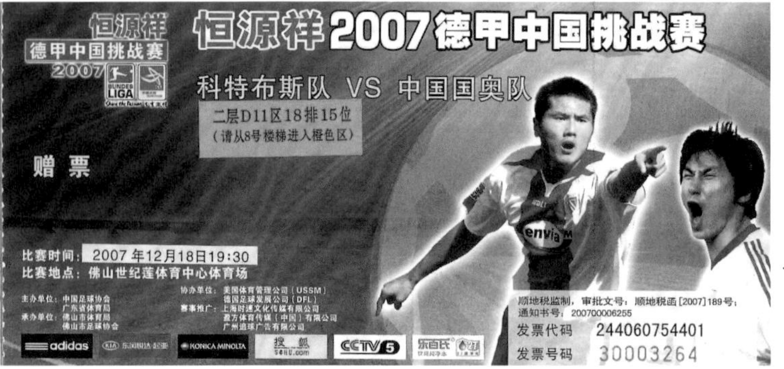

Eintrittskarte zum Spiel der chinesischen Olympiaauswahl gegen Energie Cottbus.

Gästefans an diesem Tage bezahlen, alles steht. Dann jedoch sehen einige Verantwortliche Bilder des Spiels der Gäste bei Union Berlin, das ein halbes Jahr vorher stattfand – und bekommen kalte Füße. Am Ende der Geschichte stehen ein behördlich untersagtes Testspiel gegen Pogon und Verärgerung beim Gast. Dass die kurzfristig organisierte Truppe von Zbrojovka Brno ebenfalls einen stattlichen Hooliganhaufen aufbieten kann, ist egal. Der taucht an diesem Tag zum Glück auch nicht in Cottbus auf. Auf weitere attraktive Spiele im Ausland warten die Fans immer noch.

Einmal Fußballhimmel und zurück (2003 – 2015)

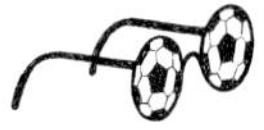

Saison 2003/04

„Unser Ziel ist es, in der zweiten Liga zu bestehen, möglichst sogar oben dran zu bleiben." Kurz nach dem feststehenden Abstieg wird Präsident Krein mit diesen Worten im kicker zitiert (7. April 2003). Die Einweihung der neuen Osttribüne wird also mit einem Spiel gegen Eintracht Trier in der 2. Liga gefeiert. Das heißt, feiern dürfen am Ende nur die wenigen Gästefans, verliert Energie doch 2:3. Die Straßenbahn zur 1. Liga, in welche die Fans vor dem Spiel symbolisch einsteigen, muss wohl Umwege fahren. Generell zeigen sich erste Risse im Verhältnis zwischen Fans und dem Vereinspersonal. Der Mannschaftsbetreuer Hajo Prinz, eigentlich ein Held alter Tage, lässt sich nach dem verlorenen DFB-Pokal-Spiel bei Wolfsburgs zweiter Mannschaft zum Hinweis an die eigenen Fans hinreißen, dass diese sich doch das Grauen gar nicht erst anschauen müssten, wenn sie einfach zu Hause blieben. Da kommt natürlich Freude auf. Trotzdem lassen sich die Fans den Spaß nicht vermiesen, eine Fahrt nach Oberhausen ist eben doch Abwechslung im grauen Alltag. Vicky Vomit verzaubert mit „Gudrun" und dem roten Anorak die Meute, die „Gudrun" gröhlend am Niederrheinkanal aufschlägt und sich das 0:0 schön trinkt. Auf der Rückfahrt sorgt eine Buspanne bei Hannover endgültig dafür, dass der Ausflug als gelungen bezeichnet werden kann. Während die Meute Fahnen schwenkend der nebenan gelegenen Tankstelle ein Ständchen singt, repariert Busfahrer Fred mit rotem Anorak den Bus. Vicky singt unterdessen: „Heut ist Weltuntergang! Ich zieh' was Feines an, den roten Anorak! Heut' ist Weltuntergang!" Die Meute tobt.

Energie tobt auch, sportlich durch die Liga, 3:1 in Bielefeld, 1:0 bei Union Berlin, 4:2 gegen Fürth, 3:0 gegen Osnabrück und so weiter und so fort. Aber auch Niederlagen pflastern den Weg. 1:4 in Mainz, okay da war Schiri Kemmling leicht indisponiert, 2:3 gegen Trier, 1:2 gegen Bielefeld und so weiter und so fort. Im Frühjahr steht Energie sieben Spieltage vor Ende der Saison immerhin mit sieben Punkten Vorsprung auf den Karnevalsverein Mainz auf Platz 3 der Tabelle. Am vorletzten Spieltag, auswärts in Unterhaching, fahren die Fans in gefleckten Maleranzügen „inkuhgnito" ins Bauernland, wo Energie leichtfertig die letzten Punkte dieses Vorsprungs verspielt. Vierter, punktgleich mit Mainz. Der finale 3:0-Sieg gegen Regensburg rettet nichts mehr. Begeistern kann lediglich eine Choreographie der Fans über die gesamte Osttribüne.

Der Cottbuser Postkutscher entrollt Postkutsche fahrend die Liebeserklärung an die eigene Stadt: „Tausend Orte, tausend Worte, doch nur eine Heimat!" Cottbus, Du grüne Perle an der Spree!

Saison 2004/05

In dieser Perle schlagen in der folgenden Saison Michael Thurk und Youssef Mokhtari auf, zwei Spieler mit Erstligaformat. Thurk, welcher medienwirksam weinend von seinem Lieblingsverein Mainz nach Cottbus wechselt, hat den Fehler gemacht, dem einstigen Punkt-Vorsprung zu vertrauen und so geht sein Traum von der ersten Liga erst einmal nicht in Erfüllung. Doch irgendwie passt alles nicht zusammen. Von den Aufstiegsrängen ist Energie ähnlich weit entfernt wie Schalke 04 vom ersten Meistertitel in der Bundesliga. Von Vereinsseite gibt es erste Meldungen, dass Sponsorenleistungen vorgezogen werden. Unter den Fans beginnt es zu rumoren. Gegen Aue tauchen im Fanblock auf einmal Fahnen mit „Geyer raus!" und „Bitte geh!" auf und Energie gewinnt 1:0. Für den Präsidenten ein guter Grund, wieder einmal zum Rundumschlag auszuholen. Er philosophiert über die unterste Schublade der Demokratie, Mobbing und Terror, dazu stellt er fest, dass bei diesen Rotzlöffeln viel Dummheit auf einem Haufen existiere und selbst die Sponsoren bekommen ihr Fett weg, wenn man schon mal dabei ist. „Alle die im VIP-Raum immer kluge Reden schwingen, sollen sich die Videos mit Geyers Erfolgen anschauen", wird Krein in der regionalen Tagespresse zitiert. Doch was interessiert mich mein Geschwätz von gestern – drei Wochen später ist Eduard Geyer nicht mehr Trainer in Cottbus, ein 1:2 gegen Aachen ist zu viel des Schlechten. Eine Ära geht zu Ende, ein alter Bekannter betritt das Parkett – der frühere Cottbuser Spieler Petrick Sander übernimmt.

Doch sportlich wandelt Energie am Rande des Abgrunds, kurz vor Weihnachten leuchtet auf dem Cottbuser Glühweinmarkt die rote Laterne von den Glühweinbuden. Ein 4:1 gegen

Petrick Sander war in den 1980er Jahren mit einer Unterbrechung, während der er in Quedlinburg und Nordhausen spielte, als Spieler für Energie erfolgreich. Er kam aus dem thüringischen Nordhausen in die Lausitz. Zur Wende beendete er seine sportliche Karriere, kehrte aber zum Januar 1992 noch einmal für zweieinhalb Jahre zurück. Mit dem Aufstieg in die 2. Liga im Jahr 1997 wurde Sander Co-Trainer von Eduard Geyer. Als Geyer 2005 entlassen wurde, übernahm Sander den Cheftrainerposten, den er jedoch 2007 wieder abgeben musste. Seitdem trainiert er verschiedene Vereine mit eher geringem, sportlichem Erfolg.

den KSC zum Jahresabschluss lässt die Gemüter aber halbwegs beruhigt in die Winterpause gehen. In dieser werden aufgrund finanzieller Probleme Leistungsträger abgegeben. Für Thurk, der nach einem Zusammenprall mit einem Trierer Gegenspieler mit zwei Zähnen weniger nach Mainz zurückkehrt, gibt es noch nicht mal groß Geld, weil der Spieler sein Handgeld noch nicht bekommen hat. Über Laurențiu Reghecampfs Wechsel nach Aachen ist zumindest außerhalb des Spielfeldes keiner wirklich traurig, wird dem Rumänen doch nicht ganz sauberes Verhalten gegenüber jungen Frauen vorgeworfen. Red White Dynamite hat in der Folge so seine eigenen Warnhinweise für die Aachener Fans: „Aachen, passt auf Eure Hunde auf, denn der Reghe steht da drauf!" Energie erwischt unterdessen einen guten Start in die Rückrunde, vor allem das Spiel im Tal der Ahnungslosen wird zu einem Fest. Im Laufe des Vormittags trudeln die ersten Informationen über geplante sächsische Aktionen ein. Malerei im Keller, bis die Sicherung rausfliegt, weil zu viele Föhne die Spruchbänder trocknen. Die Schwarz-Gelben geben dann das Motto „Keine Gnade – Euer Wort in unseren Ohren!" aus, angelehnt an „Keine Gnade für Dynamo"-Fahnen im Energieblock. Aber: „Wo nichts ist, kann auch nichts hängen bleiben!", da gehen den Sachsen die Kinnladen runter. Dazu spielt Energie auf verschneitem Geläuf selbst zu zehnt richtig gut und Mokhtari nimmt bei einem Einwurf den von den Rängen geschossenen Schnellball ganz galant mit der Brust an, ein Fest! Kurz vor Schluss der absolute Höhepunkt. Flanke von rechts durch Baumgart, Kopfball Norbert Meszaros, Tor! Und ab dafür! Scheiß auf die Prügelordner Mitte der zweiten Hälfte! Energie am Abdrehen, die Mannschaft vorm Gästeblock ein einziges Knäuel, der Gästeblock ein einziges Knäuel, der Zaun voll mit jubelnden, mit euphorischen Fans! Norbert Meszaros! Nennen Sie Ihren Sohn Norbert! Am Ende bleibt dieser sportliche Erfolg jedoch nur ein Strohfeuer, immer näher rückt die Abstiegszone, immer stärker kommen wirtschaftliche Probleme ans Tageslicht. Krein schickt auch Stabach in die Wüste. Vorher aber fädelt er noch ein Geschäft mit einer gewissen US Financial Group ein, die durch Herrn Beeck empfohlen wurde. 300.000 € soll Energie bezahlen, damit der Verein anderthalb Millionen Kredit bekommt. Im April fährt Krein mit dem Auto nach Chemnitz, um den Vertrag zu unterschreiben. Stabach: „Der Beeck hat mich noch angerufen und gesagt, der Krein ginge bei ihm nicht ans Telefon. Ich sollte mal anrufen und dem Krein dringend sagen, dass er das nicht machen soll. Das sind wohl Ganoven." Die Kohle wird schließlich überwiesen und ist weg, der Kredit wird natürlich nie ausgezahlt. Krein ist auch am Ende, er tritt sechs Tage vor dem letzten, entscheidenden Spiel beim Karlsruher SC zurück. Das Dreigestirn Krein-Stabach-Geyer ist damit innerhalb eines halben Jahres vollständig auseinandergebrochen. Stabach sagt heute dazu: „Wir drei hätten es schaffen können, es stand nicht so schlecht. Aber vielleicht waren wir eben einfach dran." Kreins Problem am Ende war, dass er Geld brauchte, aber ihm keiner mehr welches gab, was aber irgendwie auch kein Wunder war. Bereits im März 2001 hat das Handelsblatt in einem Artikel über den Verein aus einem Positionspapier der Wirtschaftsprüfer KPMG zitiert: „Der Verein verfügt über keine systematische Aufbau- und Ablauforganisation. Damit ist eine umfassende Trennung und Zuordnung von Funktions- und Verantwortungsbereichen nicht vorhanden." Vielmehr umschreibt man die Zustände freundlich als „kreatives Chaos". In diesem haben sich Verbindlichkeiten von über sechs Millionen Euro angesammelt. Auch die Ausgabe von Genussscheinen in Höhe von zwei Millionen Euro gelingt vorerst nicht, keiner will die Dinger haben. Am Ende muss Krein das Handtuch werfen. Michael Stein, ein Unternehmer aus dem Serviceumfeld der Braunkohle, übernimmt. Nebenbei wird durch die Sparkasse und deren Chef Ulrich Lepsch eine umfassende Bestandsanalyse durchgeführt, welche unter anderem ans Tageslicht bringt, dass der Verein noch eine Million aus bis dato unbekannten Rechnungen zu zahlen hat. Die alten Recken hatten schlichtweg die Übersicht verloren. Die Sparkasse erwirbt 2005 alle verfügbaren Genussscheine und gibt entsprechende Kredite, da der Verein ansonsten bankrott gewesen wäre und keine Lizenz bekommen hätte. So wird es den Vereinsmitgliedern auf der Mitgliederversammlung kurz vor dem Start der neuen Saison erklärt. Das alte Präsidium um Krein wird erst im Juni 2008 durch die Mitgliederversammlung entlastet, nachdem die neue Führung die Verdienste der alten in den Vordergrund gerückt hat. „Vor allem Stabach und Geyer haben den Verein erst in die sportlichen Erstligasphären geführt, Krein war eher ein Laiendarsteller, der den beiden in seiner Art aber den Rücken frei gehalten hat. Von daher passte das alles gut zusammen", erklärt Lepsch heute. Für die Empfehlung, das Präsidium dann doch zu entlasten, muss Lepsch gegenüber seinen Mitstreitern stark kämpfen: „Die waren ganz schön enttäuscht, dass sie dem Verein, der finanziell einfach katastrophal dastand, aus der Misere helfen und dafür auch noch von Krein in der Öffentlichkeit beschimpft werden. Dem Verein und uns hätte es aber doch nichts gebracht, außer dass überall darüber berichtet worden wäre. Wir hätten nichts von dem Geld wiedergesehen und wären wegen dieser Geschichte trotzdem wieder in aller Munde gewesen." Letztlich haben die Mitglieder nach Empfehlung des neuen Präsidiums also vor allem Krein vor einer Anzeige wegen Veruntreuung von Vereinsvermögen und damit vermutlich auch vor gesiebter Luft bewahrt.

Aber der letzte Spieltag der Saison 2004/05 steht noch aus, und genau der sollte es für die Energie-Gemeinde in sich haben. Energie, Leichtathletik Rasensport Ahlen und Eintracht Trier streiten sich um den vierten Abstiegsplatz. Nicht nur bei den Fans geht gelinde gesagt der Allerwerteste auf Grundeis, auch im Verein schrillen alle Glocken. Irgendwie werden irgendwoher noch Moneten aufgetrieben und den Fans die Fahrt ins unsymbadische Karlsruhe bezahlt. Im roten Thönes-Doppeldecker nehmen siebzig Bekloppte Platz, welche dem scheidenden Präsidenten mit wedelnden Taschentüchern leise Servus sagen. Energie geht mit einer 2:1-Führung in die Pause, die Nerven sind ein wenig beruhigt und werden doch noch über Gebühr strapaziert. 1860 sieht nicht ein, gegen Ahlen noch einmal alles zu geben und Saarbrücken hält gegen Trier ein 1:1. Energie liegt mittlerweile 3:2 zurück. Ein Tor in Karlsruhe für die Falschen oder für Trier in Saarbrücken und der Weg in den Abgrund wäre geebnet. Und kurz vor Schluss schießt der KSC das vierte Tor, der Schiri pfeift. Abseits! Herz in der Hose! Abpfiff! Fünf Minuten noch in Saarbrücken! Stundenlange fünf Minuten, in denen sich die KSC-Fans den energetischen Abstieg wünschen, starren die Energie-Fans und Spieler auf ihr Handy. Neue Information aus Saarbrücken, Endstand 1:1! Jubel! Erleichterung! Fassungslosigkeit! Diese fünf Minuten gönnt man seinem ärgsten Rivalen nicht, diese fünf Minuten müssen verarbeitet werden. Derart intensiv ging es seit den Aufstiegsspielen gegen Hannover 96 anno 1997 nicht mehr zu. Die Heimfahrt beginnt eher ruhig und nimmt erst Fahrt auf, als an der A6 auf einem Rastplatz der Mannschaftsbus anhält. Piplica erklärt an der Tanke kurzerhand den Tag der offenen Tür und bezahlt die Getränke. Am Ende legt der Pirat für eine nahezu komplett leergefegte Bierpalette 'nen Hunderter auf den Tisch, es wird schon so stimmen. Manch einer feiert jedoch besonders ausgiebig und blockiert nach dem Genuss der Literbombe Faxe Strong 10% fortan, sich selbst von innen bestaunend, die hintere Bustreppe. Und die neue Saison wird nicht weniger spannend.

Erst einmal möchte sich die Sparkasse entsprechend ihres Engagements Einfluss sichern und die Satzung ändern, was aufgrund ausufernder Diskussionen ergebnislos endet. Die Mitglieder sollen in Zukunft nur noch den Verwaltungsrat wählen können, welcher dann das Präsidium bestimmt. Auf einer außerordentlichen Mitgliederversammlung kurz vor Weihnachten fühlen sich so einige Mitglieder erpresst, als der neue Verwaltungsratsvorsitzende Lepsch erklärt, dass die Sparkasse bei Ablehnung der vorgeschlagenen Satzungsänderung sofort das Geld zurückziehen würde. Ein anderer Teil fühlt sich verarscht, als vermeintlich abgegebene Gegenstimmen nicht mitgezählt werden und bisher nie gesehene Mitglieder mit Stimmrechtsvollmachten im mehrstelligen Bereich auftauchen. Den absoluten Vogel in Sachen Demokratieverständnis schießt jedoch der Landrat des Spree-Neiße-Kreises, Friese, ab. Er beschimpft die sachlich vortragenden Gegner der Satzungsänderung und unterstellt ihnen: „Ihr seid doch durch die Pisa-Studie gefallen!" Die Quittung bekommt er schließlich im Juni 2014, als er bei der erstbesten Gelegenheit aus dem Verwaltungsrat gejagt wird. Die Satzungsänderung wird als beschlossen angenommen, die Forderungen von Mitgliedern nach einer geheimen Wahl abgelehnt. Ein zur Hälfte geleerter Sitzungssaal bei Ende der Versammlung lässt einen in sich zerrissenen Verein FC Energie Cottbus zurück. Lepsch dazu heute: „Alle wollten die Rettung: die Stadt, der Landkreis, Sponsoren. Aber mit der klaren Maßgabe, dass die Sparkasse als Kreditgeber schaut, dass das Geld vernünftig eingesetzt wird, dass Strukturen entstehen, in denen kontinuierlich und wirtschaftlich vernünftig gearbeitet werden kann. Dies haben wir gewährleistet. Der Verein wird seitdem in der Geschäftsstelle wie ein Unternehmen geführt. Alle Leute sind mit Herzblut dabei. Der heutige Geschäftsführer Normen Kothe und die Buchhalterin Doris Kubo haben sich die Nächte um die Ohren geschlagen, um wieder Ordnung in die Unterlagen zu bekommen. Was die geleistet haben, einfach unvorstellbar. Und wir haben eine sehr gute Zusammenarbeit gepflegt. Es bringt ja auch nichts, wenn ständig ein anderer Hahn kommt und kräht, aber nach zwei Monaten wieder verschwunden ist. Mich hat extrem gewundert, dass die Leute damals zwar die Satzungsänderung nur äußerst knapp bestätigt, mich aber mit über 98% in den Verwaltungsrat gewählt haben."

Energie macht aber auch sportlich wieder von sich reden und Anfang März 2006 feiern 300 Energiefans auf einen Mittwochabend 40 Jahre – 40 Punkte – 40 Tore Energie, als Franz „der Stier“ Kioyo in Braunschweig das 1:0 in der Nachspielzeit erzielt. Vorher hatte Red White Dynamite mit einigen Sit-Ups zumindest am Stadionzaun für Erheiterung gesorgt. Kioyo erspielt sich sehr schnell den Status des Publikumslieblings und auf Roland Kaisers „Joanna“ singen die Fans von „Kioyo, geboren um Tore zu machen / gegen Bochum, Braunschweig und Aachen / nur damit der Landsi seine Wette verliert!“ Landskrone, der Betreiber einer Fanpage, hatte vor der Saison auf die Anzahl der Tore gewettet und glanzvoll verloren.

Energie spielt oben mit, als am 31. Spieltag ein 1:1 in Fürth den vorentscheidenden Schritt bedeutet. Dummerweise kann in den folgenden beiden Spielen gegen die Jungs aus dem Tal und in Offenbach nicht ausreichend gepunktet werden. Ein Sieg im letzten Spiel gegen 1860 München ist Pflicht. Und während die Fans schon vor dem Spiel mittels einer beeindruckenden Choreografie Energie in den Himmel fliegen lassen, lösen die Spieler ihre Aufgabe mit Bravour! Energie ist drei Jahre nach dem Abstieg plötzlich wieder in der Beletage des deutschen Fußballs angekommen, das Lausitzer Fußballwunder wiederholt sich, die ganze Stadt ist wieder ein Tollhaus. Es soll Leute geben, die am nächsten Morgen nicht mehr wissen, wo sie nach dem Spiel mit dem Auto hingefahren wurden und wann sie wie den Weg nach Hause angetreten haben. Aber Hauptsache, der Autoschlüssel hängt fein säuberlich am Schlüsselbrett. Einer der Schlüsselfaktoren für den Aufstieg ist nach Aussage des Verwaltungsratsvorsitzenden ein gewisser Kevin McKenna. Dieser erweise sich zwar in Vertragsangelegenheiten als kantiger Typ, auf dem Rasen aber als absolutes Vorbild. Der Kanadier marschiert voran und sein Hackentor beim Auswärtsspiel in Siegen ist noch heute Kult.

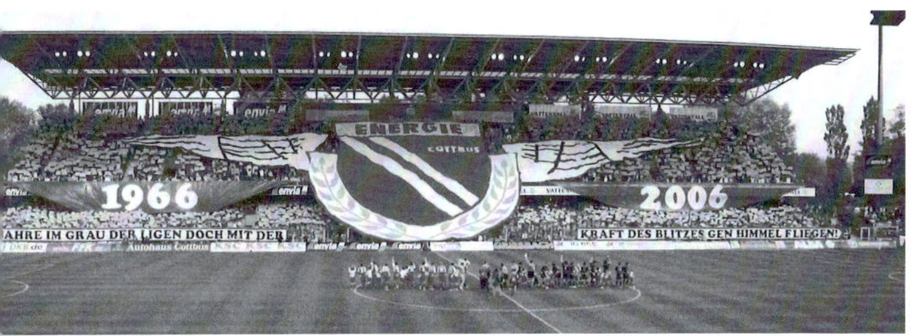

Choreografie zum Aufstieg 2006 beim letzten Spiel gegen 1860 München.

Rumänische Lebensversicherung und ein slowenischer Weinkenner

Saison 2006/07

Energie wieder in der ersten Liga. Irgendwie ist Profifußball jetzt aber nichts Besonderes mehr in der Lausitz. Und im ersten Jahr unter Petrick Sander spielt die Mannschaft auch sehr souverän auf. Mit dem rumänischen Duo Radu und Munteanu hat Energie eine Offensivwaffe, die der Trainer zwar ursprünglich gar nicht gewollt hatte, die aber zwischendrin sogar drei Auswärtssiege in Folge bei Borussia Dortmund, Eintracht Frankfurt und in Berlin holt. Absolutes Highlight der Saison ist jedoch das Auswärtsspiel bei Hertha BSC. Durch die Fans wird das Motto der roten Kurve im blauen Stadion ausgerufen. Das nehmen viele gern wörtlich und montieren im Gästeblock des Olympiastadions erst einmal die blaue Werbung vor dem Oberrang ab. Geschätzte 8.000 Energiefreunde verwandeln das Freitagabendauswärts- in ein Heimspiel. Mehr dürften in der energetischen Vereinshistorie bei keinem Auswärtsspiel unterwegs gewesen sein. Überall supportende rot-weiße Fans, die durch ein Tor von Radu kurz nach dem Wechsel auf die Reise in ein Jubelmeer geschickt werden. Immer wieder tauchen irgendwo im Block rote Feuer auf, Energie ist ein Traum in rot und weiß! Eine donnernde „Märkische Heide“ schallt durch die Berliner Abendluft! Bereits nach 31 Spieltagen bedeutet ein Heimsieg gegen den SV Bayer aus Leverkusen den vorzeitigen Klassenerhalt und Energie darf zum Feiern übergehen. Gegen die Bayern im letzten Heimspiel setzt es zwar eine 0:3-Niederlage, allerdings wird mit Mehmet Scholl ein großer deutscher Fußballer mit Applaus verabschiedet. Am letzten Spieltag darf Energie dann bei der VfB-Meisterfeier zu Gast sein, und da beide Fanszenen untereinander befreundet sind, endet der Tag in einer rot-weißen Sause. Einige wenige Fans machen sich auf den Weg in die Heimat, um auch noch den eigenen Amateuren zum Aufstieg zu verhelfen. Erfolgreich.

Saison 2007/08

In der neuen Saison wird Energie mit der ersten und der zweiten Mannschaft, mit den A-Junioren und den B-Junioren in der höchstmöglichen Spielklasse spielen, besser geht es nicht. Energie macht auch Kasse: Radu und Munteanu gehen für kolportierte fünfeinhalb Millionen Euro nach Wolfsburg und spielen ab sofort für VW, aber sportlich kaum noch eine Rolle. Ohne die beiden besten Torschützen geht der Saisonstart im Sommer 2007 schief und Petrick Sander gleich mit. Im Verein ist Sander nicht mehr sonderlich gelitten und nach einer Niederlage gegen Wolfsburg darf er seine Sachen packen. Neuer Coach wird Bojan Prasnikar, ein Slowene, der mit dem Präsidenten Gerüchten zufolge auch mal einen guten Wein trinkt oder Tennis spielt. Angeblich erklärt er den Spielern aber auch schon mal nach Einbruch der Dunkelheit ohne Flutlicht, wie sie seiner Meinung nach am besten Fußball zu spielen hätten. Und es wirkt. Bei Hertha guckt Piplica in letzter Sekunde einen Elfmeter von Pantelic an die Latte, in Bielefeld köpft Dennis Sörensen in der letzten Minute zum Ausgleich ein. Und dann fängt Energie auch noch an zu gewinnen. Heimsieg gegen Schalke, Bassila knallt den Knappen an einem Freitagabend vor der austickenden Nordwand den Ball ins Netz. Und die Bayern kommen auch mal wieder, um sich die Lederhosen ausziehen zu lassen. Branco Jelic, aus China importierter Serbe, macht sich mit zwei Toren unsterblich. Luca Toni auf Seiten der bajuwarischen Traumtänzer wundert sich im Fünfmeterraum vor der Nordwand liegend über die guten Sprachkenntnisse des Cottbuser Fußballpöbels. Nach einem lauten „Luca Toni!“ schaut er erwartungsvoll zum Pöbel und bekommt zum Dank ein lautes „Vaffanculo!“ um die Ohren. Danach trabt Luca, die Schmalzlocke, nur noch betröppelt über den heiligen Rasen. Energie siegt mit 2:0 und Piplica hält sogar noch einen Ribéry-Elfmeter. Der entscheidende Schritt im Kampf um den Klassenerhalt ist das Heimspiel gegen Hansa Rostock. Die Südschweden führen zur Pause mit 1:0, Energie hat einen Spieler weniger. Doch es folgt eine zweite Halbzeit der Extraklasse. Energie fightet, die Zuschauer schreien. Je mehr Energie kämpft, desto lauter das anfeuernde Geschrei. Hier geht keiner vorzeitig nach Hause. Es ist die perfekte Symbiose zwischen Spielfeld und Traverse. Der Funke springt vom Rasen auf die Ränge, der Funke springt von den Rängen auf den Rasen zurück. Bis in die Schlussphase schaffen die elf Rostocker, dem Druck von zehn Kämpfern standzuhalten. Als Timo Rost kurz vor Schluss endlich den Ausgleich erzielt, ist das Stadion ein einziges Tollhaus, aber es kommt noch besser: Die Nachspielzeit läuft, Flanke von rechts, der Rostocker Keeper spielt trotz Kreuzbandriss weiter. Rangelow steigt zum Kopfball hoch, Schober geht nach rechts, der Kopfball nach links. Unglaublich! Rostock wird am Ende der Saison absteigen, Energie ist wieder Zonenmeister und sichert sich am vorletzten Spieltag den Klassenerhalt auf Platz 14 mit einem 2:0-Sieg gegen den HSV. Bei der folgenden Klassenerhaltsfeier in der innerstädtischen In-Kneipe Mosquito perforiert Steven Rivic mittels Sektkorken mehrfach die Decke, die folgende Rechnung kann der Verein aber mittlerweile wieder mit einem Lächeln im Gesicht begleichen. Das finanzielle Erbe aus der Ära Krein und Stabach ist innerhalb von drei Jahren, auch dank der sportlichen Erfolge, vollständig ausgeglichen.

Saison 2008/09

Im Sommer 2008 strahlen die Sonne und die Cottbuser Fußballanhänger um die Wette. Allerdings trüben sich die Aussichten für den Fußball zeitig ein. Energie bekommt in der Liga kaum einen Fuß auf die Erde. Trotz spielerisch besserem Kader stehen frühzeitig die Zeichen auf Abstieg. Am Ende der Saison ist nur die Bielefelder Dummkeit, zu Hause gegen Hannover zu verlieren, schuld daran, dass nach einem 3:0 gegen Leverkusen die neu geschaffene Relegation als Strohhalm herhalten darf. Es geht gegen Nürnberg und der Strohhalm ist schnell geknickt. Schon zur Pause im Hinspiel im Stadion der Freundschaft führen die Franken 2:0 und gewinnen am Ende 3:0. Bei Glutofenhitze müssen die Energiefans den Abschied ihres Vereins aus der ersten Liga mitansehen. Wenigstens verschafft die Reise zum Rückspiel im Old-School-Sonderzug noch einigen Spaß. Die Meute hüpft ironisch „Heut ist so ein schöner Tag"-singend durch den Getränkewagen und feiert vor allem sich selbst. Von den spielenden Angestellten haben so einige keinen übermäßigen Bock mehr auf Fußball gehabt und sich für das vorerst letzte Erstligaspiel der Vereinsgeschichte verletzt gemeldet. Die Balkanfraktion wird als Sündenbock mit Söldnermentalität ausgemacht, das Umfeld fordert einen Neuanfang. Der Trainer Bojan Prasnikar erklärt bereits vor dem Rückspiel im Frankenstadion seinen Rücktritt.

Saison 2009/10 und 2010/11

Für den Neuanfang gewinnt Energie Cottbus einen Mann namens „Pele": Claus-Dieter Wollitz. Dieser schürt mit seiner Art und Weise Hoffnungen und holt junge, deutsche Spieler nach Cottbus. Brzenska, Kruska und Co. werden zu Hoffnungsträgern. Sportlich jedoch läuft es eher schleppend, auch die von Wollitz angekündigte „größte Aufholjagd Europas" nach der Winterpause bleibt aus. Aber es gibt Spektakel. 5:5 gegen den KSC, 3:1 gegen Augsburg, 4:0 bei Rot-Weiß Ahlen, 3:1 im Pokal in Wolfsburg. Man landet auf Platz 9. Vor allem am Ende der zweiten Saison unter Wollitz reicht es aber nicht zu Höherem: Platz 6. Und auch der Traum vom erneuten Einzug ins Pokalfinale muss im Halbfinale beim Ligakonkurrenten MSV Duisburg begraben werden. Dieser Tag war für nahezu jeden Energetiker ein schwarzer. Der Mannschaftsbus wird auf dem Weg zum Stadion durch heimische Fans angegangen, die Sonderzugreisenden erleben ein Chaos am Bahnhof und darauf die ersten zwanzig Minuten des Spieles nicht, während die Busreisenden sich nach dem Spiel über Pfefferspray in den Augen freuen. Insgesamt ist der Duisburger Zebra-Twist an diesem Abend einfach Mist. Der Schiri gibt zu allem Überfluss ein Tor in der Nachspielzeit nicht und so darf später Duisburg sich gegen Schalke blamieren, während die Rot-Weißen vier Tage später bei einem 5:0 in Paderborn wenigstens vermelden können, dass der DFB-Pokal eh scheißegal ist. Dem irgendwie schon zum Kult gewordenen Paderborner Gästeblock-Chefordner hat es auch gefallen. Mit drei Niederlagen hintereinander jedoch vergibt Energie alle Aufstiegschancen. Wollitz kokettiert offenbar mit anderen Angeboten, vor allem Eintracht Frankfurt scheint ein heißer Kandidat zu sein, bis dort ein gewissen Bruno Hübner vom MSV Duisburg als Sportdirektor verpflichtet wird. Im Zuge des DFB-Pokalspieles gegen eben jenen MSV hat sich Wollitz mit Hübner verbal angelegt, nun können sich beide nicht mehr riechen. Wollitz muss in Cottbus bleiben, hat aber nun keine Zeit mehr, einen vernünftigen Kader zusammenzustellen.

Saison 2011/12

Die Spirale dreht sich abwärts und ausgerechnet vor dem Spiel im Tal der Ahnungslosen tritt Wollitz zurück und hinterlässt ein bestelltes Feld – behauptet er. Vor allem hinterlässt er in Fußballdeutschland und darüber hinaus den Eindruck, dass die Bedingungen in Cottbus einfach super sind. Jedem Journalisten, auch dem, der es nicht hören möchte, diktiert er ins Notizbuch, dass es bei Energie sogar einen „Rasenplatz mit Trainingsheizung" gäbe. Herrlich. Neuer Trainer wird Rudi Bommer, dem wenigstens noch der Klassenerhalt souverän gelingt. Am letzten Spieltag gegen Union erklärt der gebürtige Cottbuser und Ex-Energetiker Torsten „Tusche" Mattuschka, dass er gegen Energie nicht zum Elfmeter anlaufen wird. Dafür kredenzt sein Kollege ein besonders wertvolles Exemplar, als er den Schuss zielgenau ans Lattenkreuz nagelt, im zweiten Versuch wohl gemerkt. Die Erlösung hält Dimitar Rangelow bereit, der in der zweiten Hälfte einen haltbaren Freistoß absolut unhaltbar zwei Meter neben dem rechten Pfosten versenkt. Mit einem Kopfschütteln geht es aus dieser Saison heraus, wenigstens steigt der KSC in der Relegation ab. Ansonsten ist nachhaltig nur im Gedächtnis geblieben, dass aus den vielen Tausenden Geschichten gerade gar keine in die Erinnerung zurückkehren möchte. Am Ende steht die Ära Wollitz für den vergeblichen Versuch, im Kohle- und

Energiebezirk mit spielerischem Fußball zum sportlichen Erfolg zu kommen. Mit dem Verkauf von Nils Petersen und Leonardo Bittencourt wird zumindest die finanzielle Basis des Vereins deutlich verbessert, das Stadion der Freundschaft geht in das Eigentum des Vereins über. Sportlich jedoch wird es nicht wesentlich besser.

Saison 2012/13

Einer gelungenen Hinserie folgt wieder eine Rückrunde, in der alle Hoffnungen auf eine glorreiche Zukunft ad acta gelegt werden. Heimspiele sind in der Regel Pflichtveranstaltungen, man geht hin, weil man immer hingeht. Vor dem Spiel ein, zwei Bierchen am Container, ein wenig schnattern mit diesem, ein wenig philosophieren mit jenem. Nach dem Spiel ein, zwei Bierchen am Container, ein wenig schnattern mit jenem, ein wenig philosophieren mit diesem. Eigentlich stören nur die neunzig Minuten auf dem Sportplatz. Und das alles, obwohl die Mannschaft erst am achten Spieltag bei Union Berlin die erste Niederlage einstecken muss. Höhepunkte sind natürlich der Erfolg gegen die Schwarz-Gelben und ein 3:1 gegen den Tabellenführer aus Braunschweig. Definitiv kein Höhepunkt ist das 500. Ligaspiel in Folge, es geht 3:0 bei Aue verloren. Und auch der Rest der Saison verschwindet im Nebel des sportlichen Niemandslandes, während hinter den Kulissen der Trainer Bommer und der Sportdirektor Beeck nicht miteinander klar kommen. Beeck muss gehen, seine größte Tat war die teure Verpflichtung des Null-Tore-Stürmers Mosquera. Bommer darf noch ein paar Monate weitermachen. Beeck ist neben Sander und Piplica die größte Enttäuschung des bald scheidenden Noch-Präsidenten Lepsch: „Sie hatten hier alle Möglichkeiten und haben sie nicht genutzt. Später jedoch werfen sie mit Dreck nach uns. Piplica hat von uns den Trainerschein bezahlt bekommen, zwei Jahre Vertrag

So gravierend unterschiedlich können die Erinnerungen an Helden oder eben Nicht-Helden sein. Piplica bleibt in der Vereinsgeschichte bislang der einzige Energie-Spieler, dem die Ehre eines Abschiedsspieles zuteilwurde. Als Pipi nach dem Spiel auf seiner Ehrenrunde unterwegs ist, rufen die Leute aus alter Gewohnheit rhythmisch klatschend „Piplica, Piplica!" Dabei bekommen sie gar nicht mit, dass die Tonanlage in diesem Moment ausgefallen ist. Und während also die Leute im Stadion selig schunkelnd ihren alten Helden feiern, rotieren im Hintergrund die Tontechniker. Auf den Videos macht diese Szene im Nachgang einfach nur Gänsehaut. Pipi wird mit einem Feuerwerk in die Nachtorhüterkarriere verabschiedet, ein Feuerwerk auf dem Rasen erleben die Zuschauer immer seltener.

und ein Abschiedsspiel, von dessen Einnahmen er die Hälfte behalten durfte. Die Sparkasse und anderen Sponsoren haben mehr als 5.000 Karten gekauft, damit die Hütte voll wird."

Stark begonnen um noch stärker nachzulassen. Höhepunkt der Peinlichkeiten in der Hinrunde ist ein 1:4 gegen den FSV Frankfurt, und nach einem kurzen Strohfeuer Mitte der Rückrunde bedeutet eine Niederlage im Rückspiel in Frankfurt den Abstieg in die 3. Liga. Die Ursachen sind vielfältig. Ein Trainer Schmidt holt einen Punkt aus neun Spielen und erlöst damit nach über zwanzig Jahren Timo Zahnleiter von seinem Schicksal. Fortan gilt er als der schlechteste Energietrainer aller Zeiten. Nach einem 0:3-Rückstand gegen Aue zur Halbzeit ist sein dreimonatiges Engagement wieder beendet. Später wird Lepsch die Inthronisierung von Schmidt als den größten Fehler seiner Amtszeit bezeichnen. Er will Schmidt eigentlich nicht, setzt aber seine Meinung diesmal nicht durch. Lepsch hätte lieber den Erfolgstrainer Bojan Prasnikar zurückgeholt. Angst davor, dass dies auf eine Wein- und Tennisfreundschaft zurückgeführt werden könnte, hatte Lepsch nicht. „Ich trinke gar keinen Wein, Bojan übrigens kein Bier. Und Tennis haben wir bloß zweimal gespielt. Ansonsten war Bojan der größte Fachmann, den ich je erlebt habe, der konnte Fußball mit einfachen Worten erklären, so dass es jeder verstanden hat. Und er hat damals gesagt, er hört auf und wollte kein Geld mehr haben. Das habe ich bei keinem anderen erlebt. Bojan ist ein richtiger Freund."

Eine Mannschaft, die keine ist. Außer Lippenbekenntnissen bekommen die Fans nichts zu hören und zu sehen. Im letzten Heimspiel setzt es eine 0:6-Klatsche gegen Fürth. Die höchste Heimniederlage im Profifußball. Auf Nebenkriegsschauplätzen entrollen hier Fans „Vorstand raus"-Plakate, dort verteilt der Verein Stadionverbote. Pyrotechnik im Tal der Ahnungslosen hier, personalisierte Tickets für ein Auswärtsspiel da. Der Verfassungsschutz will nebenbei auch noch mitreden. Da nutzt am Ende auch kein Auswärtssieg in Bielefeld, bei dem sich noch mal all die aufgestauten Emotionen entladen können. Als es darauf ankommt, verliert Energie und marschiert am Ende der Saison verdient und mit Pauken und Trompeten in die 3. Liga. Der Präsident tritt zurück, die Situation wird schlicht unerträglich. „Du bist der Ochse vorm Karren, alles was Du machst, ist falsch. Irgendwann kommst Du dann eben zu der Erkenntnis, dass Du selbst vielleicht das Problem bist. Wir haben viel Kraft in die sportliche Rettung investiert und nichts erreicht. Und dazu kam dann noch, dass die Führung ja selbst in guten Zeiten immer wieder von außen angefeindet wurde. Da war es dann einfach besser zurückzutreten. Das hätte ich vielleicht auch eher machen können", so Lepsch abschließend. Mit einer 0:2-Niederlage endet die rot-weiße Profifußball-Ära vorerst in Ingolstadt, die Fans tragen schwarz. Energie ist ein Scherbenhaufen. Energie hat keinen Trainer, Energie hat keinen Sportdirektor, Energie hat keine Spieler. Energie hat nur noch das Stadion, und Energie hat noch die Fans. Das neue Präsidium gewinnt den ehemaligen Spieler Roland Benschneider als Sportlichen Leiter, der gewinnt Stefan Krämer als Trainer. Bis zum Saisonstart bekommt dieser auch elf Kicker auf den Rasen, die in Osnabrück mit 3:1 gewinnen. Und noch besser: bis zur Winterpause stehen die Kicker in Reichweite der Aufstiegsplätze. Die Fans können sich mit der neuen Mannschaft identifizieren, die Spieler kämpfen und frohen Mutes geht es in die Winterpause. Die Träume reifen. Und zerplatzen wieder. Heute, im Jahr 2015, taumelt Energie dem Abgrund der vierten Spielklasse entgegen. Krämer muss gehen, ein alter Bekannter soll das Ruder umreißen. Diese Patrone muss sitzen: Vasile Miriuta.

Was die Fanszenen vergangener Zeiten betrifft, ihre speziellen Gesetze und Rivalitäten, so kam ein kleiner Junge aus den Plattenbauten westlich des Bahnhofs natürlich vollkommen unbedarft daher. Die alten Recken können aber von der einen oder anderen Episode berichten, und wenn Erinnerungen und Empfindungen teilweise auch widersprüchlich sind, ergibt sich insgesamt doch ein plastisches Bild jener Zeit – und wie die Zeiten sich änderten.

Hellmuth Hamann:

„Was Fan-Rivalitäten zu DDR-Zeiten betrifft, so kann ich mich vor allem an Stahl Eisenhüttenstadt erinnern. Die Begegnungen hatten Derbycharakter und oftmals waren wir Konkurrenten in der DDR-Liga um den Staffelsieg. Dann sicher Brieske, schon allein wegen der Historie, da hatten die Briesker verständlicherweise ziemlich lange zu knabbern. Von den großen DDR-Clubs wurden wir nicht so für voll genommen, da wir nicht so oft in der Oberliga waren und unsere Fanszene eher überschaubar war. Aber auf Auswärtsfahrten gab es auch mit uns die üblichen ‚Treffen' in den Zügen oder auf den Umsteigebahnhöfen, wenn keine anderen Gegner gefunden wurden. Und die Jungs von der Trapo waren in meinen Augen auch nicht gerade die hellsten.

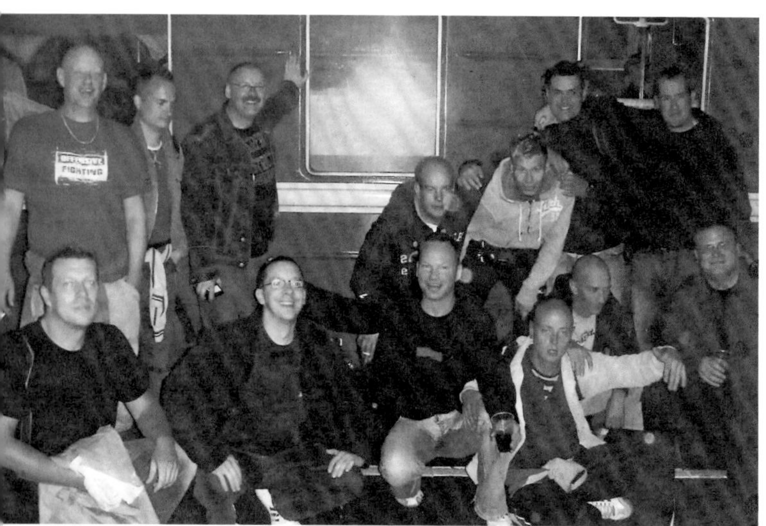

Die alten Herren vom HMT mit ihren Bekannten auf Länderspielreise in Moskau.

Wenn man in des Gegners Stadt angekommen war, haben die natürlich geguckt, dass sie uns irgendwie kriegen, da war denen die kleine Anzahl egal. Auch mit einem Blocksturm in den Stadien musste man rechnen. Fanfreundschaften gab es damals nicht oder ich habe es nicht mitbekommen, aber ich glaube mich erinnern zu können, dass der Energie-Fanclub Cottbuser Bier gute Beziehungen zu einem Fanclub von Chemie Leipzig hatte."

Volker Grimm (Cottbuser Bier):
„Die richtig großen Vereine haben uns gar nicht beachtet, wir sind ja immer nur als kleiner Haufen von zwanzig bis dreißig Leuten unterwegs gewesen. Freundschaften hatten wir zum Chemie Fanclub Connewitz und zu den Blauen Engeln von Magdeburg, das lief aber eher so über private Kontakte. Wir haben uns auch immer bei den Fanclubturnieren getroffen, die wir organisiert haben. Wenn wir unterwegs waren, hatten wir zwar keine Garantie dafür, dass nichts passiert, aber wenn die Freunde dabei waren, konnten die schon erstmal für Ruhe sorgen."

Thomas Grube:
„Eine richtige Feindschaft gab es meines Wissens nur zu Hütte. Fanfreundschaften gab es ja in der DDR generell keine. Mit Ausnahme der Freundschaft zwischen Union und Chemie Leipzig, das war schon ein ungewöhnliches Ding. Im Grunde genommen bestand immer und überall die Chance, aufs Maul zu kriegen. Fahnenklau und Prügel waren bei jedem Spiel die Norm. Es kam natürlich nicht immer dazu, aber es hätte … Einzig, dass einige Cottbuser früher oft zum BFC gefahren sind, könnte man erwähnen. Aber ob die sich bei direkten Duellen verbrüdert haben, bezweifle ich mal."

Lutz Brenner:
„Zu den Rivalen damals kann ich nur sagen, dass ähnlich wie heute Dynamo Dresden die Nummer eins der Hater war. Vorwärts Frankfurt, Hütte, Brieske und Pumpe waren in der Region die Rivalen, mit denen man immer mehr oder weniger zu tun hatte … Bei Spielen in der DDR-Oberliga hat es eigentlich mit allen Vereinen mit größeren Fanszenen geknallt. Dresden, Rostock, Magdeburg, Halle, Karl-Marx-Stadt, Erfurt, Lok Leipzig, BFC sind Beispiele, bei denen ich behaupten kann, Augenzeuge gewesen zu sein. Es ging ums ‚Kräftemessen' nach Verabredung vor Ort, die Staatsmacht war eigentlich immer unvorbereitet. Da hat es so mir nichts dir nichts

mal geknallt, weil die bei uns im Block waren oder unsere bei denen. Richtige Blocktrennung gab es ja auch erst Ende der 1980er. Eher friedlich war es immer mit Union und Chemie Leipzig, wo es teilweise sogar gemischte Fanblöcke gab."

Volker Grimm:
„Rivalitäten gab es zu Hütte, da hatten wir immer das Gefühl, dass gegen uns gepöbelt wird. Das hatteste sonst nicht. Es gab zwar keine richtigen Geschichten, weil Hütte ja auch nicht viele Leute hatte, aber haarig war es dort schon. Die haben jemanden gesucht, an dem sie sich reiben können und wir waren eben ein ebenbürtiger Gegner. Richtig schlimm war Union, die waren so schlimm drauf, da haben wir uns mal bei nem 0:0 in der Aufstiegsrunde in Berlin erst gar nicht getraut, unsere Herkunft zu zeigen. Da wären wir sonst nicht gesund raus gekommen. Ansonsten waren auch Halle und Rostock immer ein heißes Pflaster.

Wir kamen mal aus Rostock zurück, da waren wir gar nicht beim Fußball gewesen, sondern bei Lok RAW zum Handball, die haben wir uns ja auch immer angeschaut, und wenn es ging, haben wir Energie und Lok RAW miteinander verbunden. Wir hatten halt unsere Handballnikkis an und vielleicht ne rot-weiße Energie-Schärpe um. Rostock hatte ein Spiel gegen Sachsenring Zwickau und da fuhren natürlich jede Menge Rostocker im Zug Richtung Berlin mit. Einer von uns wollte auf Toilette und wurde von ein paar Rostockern angegangen. Dabei hat er einem gleich mal eine gelangt. Er kam dann zurück ins Abteil und meinte, dass es sicher gleich ungemütlich werden würde. Und der erste, der in unser Abteil stürzte, hatte eine abgebrochene Bierflasche in der Hand. Wunderwald hat dann geistesgegenwärtig die Tür wieder zugeschoben, dabei aber die Flasche in den eigenen Arm geritzt bekommen. Er blutete ziemlich heftig. Die restlichen Leute von uns hingen an der Tür, das muss ein Bild gewesen sein, von außen die Rostocker, von innen wir. Der Schaffner hat dann die Polizei gerufen und in Waren sind wir aus dem Zug geflogen. Die Trapo hat nur unsere Aussagen aufgenommen und mit dem nächsten Zug konnten wir nach Hause."

Thomas Grube:
„Ich erinnere mich noch an ein DDR-Oberliga-Spiel 1990 auswärts beim HFC in Halle. Es war der letzte Spieltag und wir sind mit dem Zug hin. Aufgrund ein bisschen Cleverness haben wir es vermie-

den, in Leipzig umzusteigen und fuhren über Eilenburg. Das stellte sich im Nachhinein als richtig heraus, da die Über-Leipzig-Fahrer auf dem Bahnhof direkt eine Abreibung von Lok-Fans bekamen (die wollten nach Dresden). In Halle selbst sind wir unbehelligt aus dem Bahnhof raus und in so eine unterirdische Passage. Da war eigentlich nix los, bis sich auf einmal auf allen acht Treppenausgängen die Hallenser einklatschten und uns vielleicht dreißig Hanseln vermöbeln wollten. Ich bin dann mit einem Kumpel einfach mit Ellenbogen raus, eine Treppe hoch, durch die HFC-Fans durch und ab in ein Damenmode-Geschäft. Irgendwann haben wir uns mit den restlichen Cottbusern wieder gesammelt und sind zum Kurt-Wabbel-Stadion gelaufen. Da keiner einen Plan hatte, sind wir einfach paar HFC-Typen (von der Art gepflegte Ost-Punks mit Fußballschals) hinterher. Mit denen haben wir schön gelabert über die damals angesagte Punk-Mugge (Skeptiker, Feeling B, Abstürzende Brieftauben usw.). Die waren total nett und zeigten uns noch, wo es zum Gästeeingang ging. Aber der Hammer kam erst, da sagten die: ‚Ihr müsst jetzt rechts rum zum Gästeeingang und nach dem Spiel sehen wir uns dort und dann bekommt ihr aufs Maul.' Was für eine Ansage!

Nach dem Spiel (Energie verlor in einem lustlosen Kick 3:0) warteten die Bullen mit zwei Ikarus-Bussen auf uns, die uns zum Bahnhof bringen sollten. Sie haben uns in die Busse gepackt und – schwupps – waren sie verschwunden. Dafür kamen dann etwa 200 HFC-Fans, die schön die Busse schaukelten. Ging alles recht schnell und zum Glück flogen keine Steine oder ähnliches. Nach kurzer Fahrt waren wir auf dem Bahnhof und da waren auch wieder die Bullen. Einige mussten natürlich rumposen, um ein paar Meter weiter aufs Maul zu kriegen. Denn die Bullen haben sich überhaupt nicht mehr eingemischt. Zurück nach Leipzig und welch Überraschung: Die Lok-Fans waren zurück aus Dresden und manch einer kassierte die vierte Backpfeife an dem Tag. Interessant ist vielleicht, dass die Bullen zwar zwangsweise vor Ort waren, aber extrem zurückhaltend bis überhaupt nicht eingreifend. Die haben einfach nix gemacht. Die wussten in der Wendezeit zum Teil ja nicht, was sie dürfen und was nicht, und bevor sie selbst was abkriegen, haben die sich einfach verpisst. Das war schon hart. Glücklicherweise sind damals noch keine ferngesteuerten Idioten rumgelaufen mit Messern oder so. Da gab's ne Kelle und gut war's. Maximal durfte man noch Schal oder Fahne abgeben. Ein Jahr später drehte sich das ja dann komplett und, was ich bis dahin nicht kannte, es ging im Zweifel voll auf die Polizei! Da passierte ja dann auch das Ding mit dem erschossenen BFCer in Leipzig.

Die Bullen waren früher in meiner Kindheit die totalen Respektspersonen. Da haben schon mal zwei Bullen ein Dutzend ‚Fußballrowdys' in die Schranken gewiesen. Und zwar nicht mit Helm und Knüppel, sondern mit Mütze und Kugelschreiber. Das war dann von einem aufs andere Mal weg. Das Ostding hielt sich nach der Wende natürlich weiter. Auch heute noch ist ja jedes Ostduell brisanter als ein Spiel in Köln oder München."

Lutz Brenner:

„Mein erstes richtiges Auswärtsspiel ging 1982 zum Pokalhalbfinale nach Dresden. Nachdem ich in früher Kindheit auch schon mal in der DDR-Liga mit der Straßenbahn auswärts zu Lok Cottbus ins Stadion der Eisenbahner gefahren bin und später sogar mal nach Brieske, führte mich mein erster richtiger Auswärtsauftritt mit 16 Lenzen gleich ins Dynamo-Stadion. Es trug sich also am Samstag den 27. März 1982 zu, dass ich in den frühen Morgenstunden mit mehreren Sandower Kumpels mit der Deutschen Reichsbahn Richtung Sachsen aufbrach. An den Umsteigebahnhöfen Ruhland und Priestewitz, eine direkte Verbindung nach Dresden gab es damals nicht, stellte ich fest, dass der Zug gut gefüllt war mit Rot-Weißen. An Polizei im Zug kann ich mich nicht erinnern. Als wir in Dresden-Neustadt ankamen, war schon von Weitem übelstes Gebrüll aus der Bahnhofshalle zu hören, was mir gleich ein mulmiges Gefühl machte. Aber als wir einfuhren, konnte ich zu meinem Erstaunen feststellen, dass es sich ebenfalls um Energiefans handelte, die schon eher gefahren waren und uns mit einigen hundert Leipziger Lok-Fans freudig und lautstark in Empfang nahmen. Lustig war, dass die gesamte Bahnhofshalle abgesperrt war durch Transport-Polizisten, die mit umgeschnallter ‚Kaschi' und Schäferhunden alles in Schach hielten. Von Schwarz-Gelben weit und breit (noch) keine Spur. Dann ging es per S-Bahn zum Hauptbahnhof. Der Großteil des Mobs hat sich gleich aus dem Staub gemacht, wohl Richtung Stadion, während unsere Reisegruppe es vorzog, noch ein wenig Sightseeing zu betreiben. Da sollten wir gleich mal Lehrgeld zahlen. Unsere Gruppe von zehn bis zwölf Leutchens teilte sich auch noch. Wir blieben kurz am Bahnhof um zu beratschlagen, was wir denn nun anstellen wollten, da kamen auch schon die ersten vier zurück von der Prager Straße mit Schmarren im Gesicht und ohne Fanzeugs, was ja damals eh nur spärlich vorhanden war und alles Eigenfertigung. Auweia, was nun? Na los, alle ab in Richtung ‚Prager' um zu schauen, wo das Zeugs abgeblieben war. Es hat nicht lange gedauert, bis die Zocker entdeckt wurden. Als sie uns bemerkten, sind die in einen Laden rein. Die vorher Gebeutelten hinterher und schwuppdiwupp waren sie wieder draußen mit den zurückeroberten Sachen, welche aber inzwischen stark lädiert waren. Macht nüscht, hatten wir wenigstens jeder was zum Umhängen. Wir schlendern so die ‚Prager' entlang, als uns eine gelbschwarze Wand entgegenkommt. Schon erschallte es auch hinter uns: ‚Ey, Cottbuser!' Wir nix wie los und die Beine in die Hand, querfeldein, irgendwohin. Da stand ein Hochhaus, das sich später als Hotel Königstein entpuppte, wo wir einmal rum in der Hintertür verschwanden, die zu unserem Riesenglück erstens offen stand und zweitens außen einen Knauf hatte. Jedenfalls waren wir alle heil rein gekommen und von denen keiner. Der letzte von uns schwor später Stein und Bein, dass von denen noch einer die Hand in der Tür hatte. Kaum hatte uns aber das Personal entdeckt, wollte man uns auch wieder loswerden. Wir denen den Vogel gezeigt und mit dem Aufzug hochgefahren. Dort warteten wir, alles im Blick behaltend, bis sich die Szenerie entspannt hatte. Weil der Hotelleiter keinen Stress wollte, hatte er der Dynamomeute gesteckt, dass wir irgendwie doch schon weg wären. Glück gehabt… Auf dem Weg zum Stadion haben wir dann Neutralität gewahrt und in einer Kaufhalle erst mal ein paar Bier geholt, die wir vor dem Gästeeingang austrinken wollten. Mussten wir dann aber lassen, weil die Ordner uns schon freundlich zuzwinkerten. Drin im Block waren dann so um die 1.000 Fans unterschiedlichster Couleur versammelt. Neben besagten Lok-Fans waren noch Fans aus Karl-Marx-Stadt, Aue und Jena dabei, welche auf Nachfrage ihr Kommen damit begründeten, Dynamo auch nicht leiden zu können. Im Block kreisten dann die Schnapsflaschen, dass es einem fast schwindlig wurde. Wie haben die die nur rein bekommen? Zum Spiel selbst gibt es nicht viel zu sagen. Klare Niederlage mit 4:1, wobei nach dem 3:1-Anschlusstreffer kurz mal Hoffnung aufkeimte. Somit konnte Dresden relativ entspannt ins Finale nach Berlin einziehen, wo es später auch zum Pokalsieg gegen den BFC reichen sollte. Auf der Rückfahrt entlud sich dann doch noch mal der Frust der Zugfahrer, als beim Umsteigen in Priestewitz eine kleine Gruppe mitreisender Dynamofans in großer Überzahl gestellt und wohl krankenhausreif geschlagen wurde. Das war dann doch nicht so lustig."

Volker Grimm:

„Tja, und dann noch die Jungs aus der verbotenen Stadt. So richtig leiden konnte man die Sachsen ja nie, aber wir waren für die halt uninteressant. Bis eben zum November 1996, wir gewinnen dort 2:1, vom Hans-Meiser-Team wird eine ‚Freiheit für Otto'-Fahrt ausgerufen und eine große Fahne dazu gemalt. Dank Jürgen Otto waren die ja in die dritte Liga durchgereicht worden. Das hat die ganz schön gewurmt und dann kommt das kleine Cottbus daher und gewinnt auch noch. Damit kamen die überhaupt nicht klar und wir haben natürlich gefeiert, wie man das halt so macht. Move-it von den Spreewaldkanaken hat noch ne schöne Uffta gemacht und dann eben noch ‚Otto find ich gut'. Die Sachsen fanden es nicht witzig und nach dem Spiel ging es ab. Da flogen Pflastersteine und Stahllatten auf die Busse, du hast dich einfach nur noch geduckt und über dir zerfielen die Scheiben. In meinem Bus waren alle Scheiben raus. Von neun Bussen ist nur ein einziger ohne Schäden wieder nach Hause gekommen. Und die Polizei stand da und hat nichts unternommen, die haben die einfach machen lassen! Es war dunkel und die stehen da, versteckt hinter den Büschen und schmeißen dir den Bus kaputt! Da haste dann doch mal Angst um dein Leben, sowas Abartiges habe ich nur einmal erlebt und das war da. Einige von uns haben seitdem keinen Fuß mehr in diese Stadt gesetzt, für die ist das jetzt die verbotene Stadt. Auf der Rückfahrt sind wir kurz vor Ruhland noch an einer Tanke ran, die gibt's heute nicht mehr. Da stand ein Auto mit Dynamoschals, das war binnen kürzester Zeit zertrümmert, da haben die Leute allen Frust rausgelassen und auch die Tanke komplett leer geräumt. Normalerweise kommt ja dann ganz schnell die Polizei, an diesem Tag aber nicht. Ich glaube, dieser Abend war ausschlaggebend für das heutige Verhältnis beider Fanszenen. Und mich interessieren auch heute nur zwei Ergebnisse am Wochenende, zuerst Energie und dann die aus der verbotenen Stadt. Denen wünsche ich echt die Krätze an den Hals."

Mit dem Aufstieg in die zweite Bundesliga im Jahr 1997 gibt es einen Wandel in der Wahrnehmung der Fans. Fortan sind die Spiele gegen alle ehemaligen Ostgegner natürlich wesentlich interessanter als Duelle gegen Wattenscheid 09 oder Fortuna Köln. Daher werden diesen Gegnern auch mehr Emotionen entgegen gebracht, so richtige Rivalitäten oder gar Hass entwickeln sich jedoch nicht. Einzig beim VfB Leipzig gibt es ein wenig Bambule, als aus dem

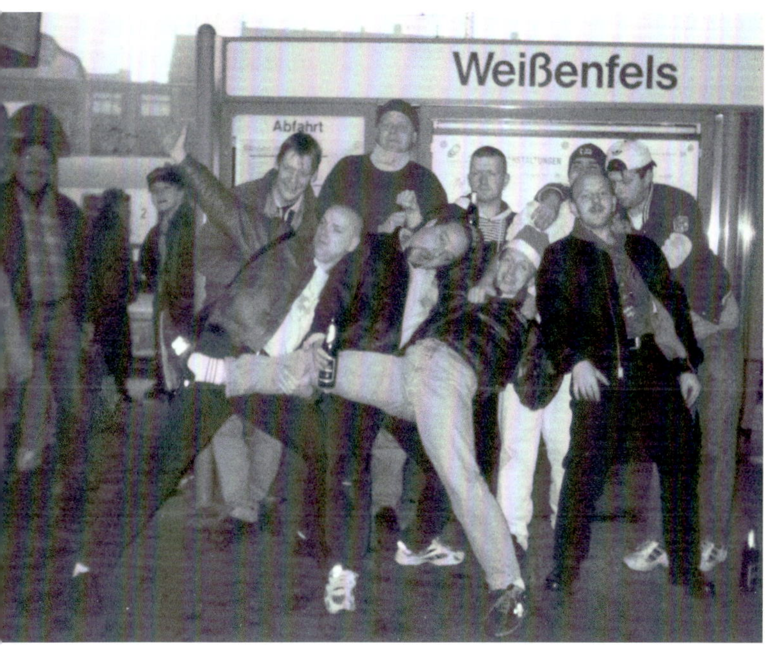

Typischer Auswärtsmob 1996 auf dem Weg nach Erfurt.

Sachsenlager Leuchtspurraketen in den Gästeblock fliegen und die Spreewaldkanaken sich dafür mittels Handschlag persönlich bedanken wollen. Mit dem FC St. Pauli taucht dafür ein Gegner auf, der vor allem auf politischer Ebene für hässliche Gefühlsregungen taugt. Hier die linken Zecken, dort die rechten Nazis. Am Ende sind aber die, die sich im Skandieren politischer Parolen und im Steine werfen üben, auf beiden Seiten nicht immer echte Gefolgsleute des Vereins. Eine entsprechende politische Denkweise als Basis ist innerhalb der Fanszenen beider Vereine jedoch nicht von der Hand zu weisen. Fortan werden Spiele zwischen St. Pauli und Energie von den Behörden grundsätzlich als Risikospiele eingestuft. Die alte Rivalität zu Hütte kann dagegen nur noch mit den Amateuren im Landespokal ausgelebt werden, da selbst diese mittlerweile in der Ligenpyramide über den Schrottwerkern angekommen sind. Harry Rath, Trainer in Eisenhüttenstadt seit anno dunnemals, leistet bis heute hervorragende Arbeit in seinem Bemühen, Stahl ins Jenseits zu befördern, sein Weg ist jedoch noch nicht beendet.

Und so demonstrieren einige Cottbuser dann mittels eingeworfener Fensterscheiben im Stadion der Hüttenwerker, wer die Nummer eins ist im Lande Brandenburg. Sicherlich nicht gerade die feine englische Art. Dank dem Abstieg von Leipzig, Zwickau und Jena nach der Saison 1997/98 steht Energie auf einmal als einziger Ostverein in der 2. Liga da. Gut, dass mit dem von einem Finanzdienstleister mit Geld vollgepumpten Tennis Borussia Berlin ein absoluter Unsympath aufgestiegen ist. Das kann der Lausitzer leiden. Da der Dienstleister aber zwei Jahre später bereits keine Kohle mehr hat, geht es trotz sportlichem Klassenerhalt für TeBe nach Lizenzentzug wieder bergab und bis heute nicht mehr nachhaltig bergauf. Da Energie in diesem Jahr 2000 allerdings eh in die erste Liga aufsteigt, müssen neue Gegner her, an denen man sich reiben kann. Und wer eignet sich da besser, als die alte Tante Hertha, die sich großkotzig als Team aus Berlin für Berlin tituliert. Nun ist die Hauptstadt im brandenburgischen Umland nicht sonderlich beliebt und so wird beim ersten Duell im Herbst 2000 den sichtlich begeisterten Anhängern der Hertha ein wenig Hygieneunterricht gegeben. ‚Wir pissen in die Spree und Ihr badet drin!', dazu wabern schwarze Rauchschwaben durchs Olympiastadion und verrußen im weiten Rund die Klamotten. Da schmerzt die 1:3-Niederlage am Ende eher wenig, eine Duftmarke ist gesetzt und wird durch die Herthaner beim Rückspiel mittels durch die Gegend fliegender Bengalen gekontert. Die aggressive Stimmung im Stadion der Freundschaft wird von einem 3:0-Heimerfolg der Energie gekrönt. In der Folge wird die Hertha quasi zum Lieblingsgegner, überproportional oft kann den wirtschaftlich überlegenen und sportlich favorisierten Hauptstädtern nach dem Spiel der imaginäre Mittelfinger gezeigt werden. Die eine oder andere Aktion aus beiden Fanszenen heraus lassen das Süppchen der Rivalität stetig weiter köcheln. Hinzu kommt eine ausgeprägte Freundschaft der Herthaner zum KSC, der nicht nur deswegen in Cottbus sehr ungern gesehen ist. Dies geht vielmehr auf das Spiel am letzten

> Früher gab es häufiger Gelegenheit für Duelle zwischen den Lokalrivalen Energie Cottbus und Stahl Eisenhüttenstadt. Der Club spielte zwischen 1972 und 1989 durchgängig in der DDR-Liga und stieg dann, ein Jahr nach Cottbus, für zwei Jahre in die Oberliga auf. Bevor es 1991 nach verpasster Qualifikation für die 2. Bundesliga runter ging in die Oberliga Nordost und von da ab immer tiefer, durfte Hütte 1991/92 im Europokal der Pokalsieger (als Nachrücker für den echten Pokalsieger Hansa Rostock) gegen Galatasaray Istanbul antreten (und zweimal verlieren). Vermutlich einer der sehr raren Höhepunkte in der Geschichte dieses ansonsten eher glanzlosen Vereins.

Spieltag im Frühjahr 2005 zurück, als ein weiteres KSC-Tor (oder das Siegtor von Trier in Saarbrücken) Cottbus in die dritte Liga befördert hätte. Der KSC schießt das Tor, was aber zum Glück nicht gegeben wird, doch nach Abpfiff wollen die KSCler statt dem eigenen Team lieber den rund 1.500 Gästen eine angenehme Sommerpause wünschen. Die Polizei verhinderte einen Saisonabschluss der etwas unangenehmeren Art.

Hertha und der KSC, Cottbus und der Stuttgarter VfB. Jahrelang wurde von Seiten der Fans des VfB mit denen aus Cottbus eine offizielle Freundschaft gepflegt. Entstanden ist diese nicht etwa aus den entspannten und feierlichen Stunden rund um das Pokalfinale 1997. Ursache sind ursprünglich in einem Internet-Chat geknüpfte private Kontakte zu einer Person aus der VfB-Fanszene. Bei einem Pokalspiel des VfB in Rostock trifft man sich erstmals. Es kommt zu Kontakten zwischen IC und dem Commando Cannstatt (CC97), die eine oder andere gemeinsame Groundhoppingtour schließt sich an. Weitere gegenseitige Besuche festigen ein Bündnis, welches zwischen 2003 bis 2005 seine Hochzeit erlebt. Der letzte Spieltag 2003 lässt Energie zum Erstligaabschied überraschend einen Punkt gegen Dortmund holen, womit der VfB Vizemeister wird und sich direkt für die Champions League qualifiziert. „Vizemeister wird nur der VfB“, schallt es durchs Westfalenstadion, und wird mittels Handy und Megaphon bis in die Cannstatter Kurve nach Stuttgart getragen. Und so tragen in den kommenden Jahren Cottbuser Fans die energetische Fahne gemeinsam mit dem VfB ins Ausland. Manchester United und FC Chelsea heißen die Gegner. Ein weiteres Highlight war 2007 das Spiel des VfB bei Olympique Lyon: Etwa eine Stunde nach Spielende, nach einigen Tumulten aufgrund des immer noch verwehrten Stadienauslasses, dürfen die mitreisenden zwanzig Cottbuser in die geladenen Gummigeschossflinten der Flics blicken. Spaß ist also garantiert und das eine oder andere Getränk und Gespräch sind immer wieder drin. Warum auch immer, kühlte das Verhältnis zwischen dem CC97 und der Cottbuser Fanszene merklich ab. Erst in den letzten Monaten ist zu verzeichnen, dass die Kontakte zwischen den energetischen und den übrigen schwäbischen Gruppen sich durchaus wieder intensivieren.

Völlig im Eimer ist dagegen das Verhältnis zu Rostock und Dresden, wobei letzteres ja kein Wunder ist. Mittlerweile ist die graue Maus aus der DDR auch auf den Rängen kein ganz unbeschriebenes Blatt mehr, bei Spielen sorgen beide Seiten für den einen oder anderen Nadelstich in des Gegners Gemüt. Hier wird mal ein Graffiti übermalt, dort wird mal am Stadion was beschmiert. Wenn die Jungs aus dem Tal der Ahnungslosen die eigenen Leute mobilisieren, um in des Gegners Stadt aufzutauchen oder energetische Fanbusse zu verfolgen, dann ist Energie den Sachsen wohl doch nicht so egal, wie sie immer tun, sondern schon eher ein Stachel im eigenen Selbstverständnis.

Hansa Rostock ist eigentlich im gesamten Osten der Republik beliebt, die Mannschaft stellte Mitte der 1990er Jahre das sportliche Aushängeschild des Fußballostens dar und sorgte mit begeisternden Auftritten für Freude bei den Leuten. Unvergessen das 3:2 beim VfL Bochum am letzten Spieltag der Saison 1998/99, als Majak mit dem Siegtor in letzter Minute den Klassenerhalt sichert. Der Torjubel im Fernsehen ist ein einziger Gänsehautmoment. So ist die Stadionsperre für Hansa nach Ausschreitungen gegen St. Pauli sogar eher ein Segen als eine wirkliche Bestrafung, denn im „Exil-Austragungsort", dem Berliner Olympiastadion, versammelt sich zu den beiden „Strafheimspielen" gegen Fortuna Düsseldorf und Eintracht Frankfurt quasi der gesamte Fußballosten, um Hansa zum Sieg zu brüllen. Und so ist dann auch im Vorfeld des ersten Bundesliga-Gastspiels von Hansa in Cottbus im Herbst 2000 alles eher entspannt. Es überwiegt die Freude darüber, dass dieses Duell in der 1. Liga stattfindet. Doch organisatorisch hat Energie das Spiel nicht im Griff. Erkennbare Hansafans werden in den ausverkauften Gästebereich geschickt, der bereits aus allen Nähten platzt, als die aktive Fanszene mit dem Sonderzug in Cottbus auf dem Bahnhof ankommt. Mehrere hundert Hanseaten müssen trotz gültiger Eintrittskarten außerhalb des Stadions die Niederlage ihrer Mannschaft miterleben. Das ist aber noch nicht genug, die darauf folgenden Verlautbarungen aus der rot-weißen Vereinsführung tragen nicht eben zur Besänftigung der Südschweden bei. So wird Energie ein rotes Tuch für die Kogge. Und so erwartet die Fans beim Rückspiel ein heißer Tanz, den Rostock dank eines von Piplica verschuldeten Tores und eines von ihm verschossenen Elfmeters gewinnt. Energie und Hansa werden danach keine Freunde mehr, die hanseatische Fanszene gibt sich eher mit St. Pauli und den schwarz-gelben Talbewohnern ab. Lediglich die Länderspielfahrerfraktion rund um das Hans-Meiser-Team und die Cottbuser Biere haben in den vergangenen Jahren mit Rostocker Fans und deren Fanprojekt freundschaftliche Kontakte aufgebaut. Grund dafür ist auch ein einsamer Fan der TSG Bau Rostock, welcher seine Fahne zu DDR-Liga-Zeiten im Stadion der Freundschaft aufgehängt hat.

Dieser wird von den Energiefans in Ruhe gelassen und lieber auf ein Bier eingeladen. Ein Jahr später hing seine Fahne dann inmitten der ganzen Energiefahnen, aber nur bis zum großen Regenschauer, danach hing sie allein. Die Energiefans nehmen ihre Fahnen lieber ab. Besitzer dieser Fahne ist eine Person, welche später von allen in Rostock nur noch Boulette genannt wurde. Er baute das Fanprojekt in Rostock mit auf, kein Wunder, dass die alten Cottbuser Fans sich mit Boulette und seinen Kumpels gut verstanden. (Ruhe in Frieden! Boulette starb 2010.) Dies gilt aber auch für andere Länderspielfahrer von anderen Vereinen. So werden gern der Sauerland-Jens und seine liebreizende Pia erwähnt, die Frankfurter oder der Mawa aus Bremen. Das Inferno Cottbus erläutert in der achten Ausgabe des Fanzines „Brennpunkt Cottbus“ die Entstehung der freundschaftlichen Kontakte zu den Kiebitzen des polnischen Vereins Beskid Andrzychów, während durch das Collettivo Bianco Rosso Kontakte zur Fanszene des Chemnitzer FC forciert werden.

Und dann wären da noch Babelsberg und Brieske. Aus ersterer Fanszene fährt eine Person in der ersten Erstligasaison regelmäßig mit Energie auswärts und auch der eine oder andere Cottbuser erfreut sich regelmäßig an den Pyroshows, die im Potsdamer Karl-Liebknecht-Stadion problemlos durchgezogen werden. Die fortschreitende Politisierung der Babelsberger Fanszene in die linke Richtung verhinderten letztlich weitere freundschaftliche Kontakte bis hin zu der Tatsache, dass Energie und Babelsberg sich auf Fanebene heute gar nicht mehr riechen können. Das Landespokalspiel im Frühjahr 2015 demonstrierte aufs Schönste fortwährende politische Provokationen auf beiden Seiten. In Brieske existiert in den 1990er Jahren für eine gewisse Zeit sogar eine kleine Fanszene, welche den Namen Ultras Brieske trägt. Der führende Kopf dieser Gruppe fährt zusammen mit Energiefans zu anderen Spielen, darunter ein Spiel zwischen dem Tal und Sachsenring Zwickau. Für den Briesker nach eigenen Angaben der erste Ausflug in eine andere Welt, die sich mit Wasserwerfern und durch die Gegend streunenden Jugendlichen deutlich von der heimischen und auch der Energie-Welt abhebt. Die Dynamo-Szene ist für ihn wohl derart anziehend, dass er es sich fortan nicht nehmen lässt, die OSL-Bande wiederzubeleben, einen etwas eingeschlafenen Zusammenschluss erlebnisorientierter Lichterzeuger aus den Orten Ortrand, Schipkau und Lauchhammer. OSL entspricht dabei zufällig auch dem Kürzel des Landkreises Oberspreewald-Lausitz in Südbrandenburg, in dessen Gebiet sich die OSL-Bande mehrheitlich rekrutiert.

Ultras Brieske wird aufgelöst und ihr einstiger Gründer zur Persona non grata in Cottbus erklärt. Ob ihm in Cottbus dasselbe passieren würde, wie bekannten Energiefans im Tal, sei mal dahingestellt. Letztere dürfen schon mal beim Shoppen mit der Freundin in der Prager Straße die Beine in beide Hände nehmen, um nicht von übermotivierten Talbewohnern Backenfutter zu bekommen. Obwohl dort ja immer behauptet wird, dass die Lausitzer Fußballgemeinde uninteressant wäre. Dafür lauern die Schwarz-Gelben den Energiefans auf deren Reisen durch die Republik etwas zu oft auf. Das letzte Wort zwischen diesen beiden Fanszenen ist sicherlich noch nicht gesprochen.

Da sitze ich nun, die Dose polnisches Bier vor der Nase. Wofür steht eigentlich Energie? Und wie ich da so sitze und sinniere, wird mir klar: Energie ist ein Verein, dem nichts geschenkt wird. Bis 1990 auf Beschluss von oben als Betriebssportgemeinschaft benachteiligt. Trotzdem sieben Jahre Oberliga und wer weiß, wie die Geschichte ohne den Mauerfall weitergegangen wäre. Nach der Wende mausetot, uninteressant für irgendeinen Wichtigtuer aus dem goldenen Westen und selbst in der eigenen Stadt. Mit eigenen Händen, harter Arbeit und ein wenig Glück ging es bis ganz nach oben. Und auch wieder nach unten. Doch während anderswo das Land Steuerschulden erlässt oder eine Stadt die Stadionbewirtschaftung bezuschusst, schafft es Energie innerhalb von nur drei Jahren aus eigener Kraft, siebeneinhalb Millionen Euro Verbindlichkeiten abzubauen und danach das Stadion zu kaufen. Energie kann stolz sein, stolz auf sechs Jahre erste Bundesliga, stolz auf sieben Jahre DDR-Oberliga, stolz auf elf Jahre zweite Bundesliga, stolz auf ein Pokalfinale, stolz auf weitere drei Pokalhalbfinale, stolz auf seine Infrastruktur, stolz auf das Geschaffene. Energie hat Cottbus bekannter gemacht als es eine Bundesgartenschau, ein Branitzer Park oder ein Staatstheater jemals konnten. Cottbus kann stolz sein auf seine Energie!

Trotzdem, es ist kalt im Oktober 2015, die Stimmung ist trüb. Energie ist wieder einmal auf dem harten Boden der Tatsachen angekommen. Dritte Liga in einer wirtschafts- und strukturschwachen Region. Das ist die Realität, der wir uns stellen müssen. Alles andere nützt nichts. Träumen dürfen wir, träumen müssen wir von besseren Zeiten. Träumen von Sandhausen, vom FSV Frankfurt, von Heidenheim, träumen von der 2. Liga. Energie wird sich selbst helfen, weil andere es nicht tun! Wir schreiben den 17. Oktober 2015, gerade habe ich die Tür zu unserer Wohnung aufgeschlossen, ich komme aus dem Tal der Ahnungslosen. Energie hat 1:0 gewonnen! Geschichte wird gemacht, es geht voran! Oder wie es die Fans voller Hoffnung zu singen pflegen: „Immer vorwärts Energie, wir woll'n Dich siegen seh'n! Immer vorwärts Energie, Du wirst niemals untergehen!“

Dank

Vielen Dank für die Unterstützung an meine Frau Lisa, an meine Mutter, an all die vielen Freunde und Weggefährten aus mittlerweile fast dreißig Jahren Energie, an alle Helfer, Interviewpartner (Klaus Stabach, Hans-Joachim Prinz, Danilo Helbig, Bernd Guhlke, Ulrich Lepsch, Volker Grimm, Normen Kothe, Ralf Lempke, Thomas Grube, Lutz Brenner, Hellmuth Hamann, Ingolf Urban) und inoffiziellen Mitarbeiter an diesem Buch und danke an den geilsten Club der Welt, Energie Cottbus.

In der Reihe Bibliothek des Deutschen Fußballs sind bereits erschienen:

Bd. 1 1. FC Union Berlin (Jörn Luther)
Bd. 2 SV Babelsberg 03 (Rico Noack)
Bd. 3 BFC Dynamo (Marco Bertram)
Bd. 4 FC Energie Cottbus (Jens Batzdorf)